Dick Boer & Klaus Weber
Hoffen gegen jede Hoffnung
Krieg – Klima – Kapitalismus
Ein Briefwechsel

DICK BOER &
KLAUS WEBER

HOFFEN GEGEN JEDE HOFFNUNG

KRIEG – KLIMA – KAPITALISMUS

EIN BRIEFWECHSEL

ARGUMENT

Die Deutsche Nationalbibliothek verzeichnet diese Publikation in der Deutschen Nationalbibliografie; detaillierte bibliografische Daten sind im Internet abrufbar über http://dnb.d-nb.de.

Deutsche Originalausgabe

Lektorat: Iris Konopik
Umschlag- und Satzgestaltung: Martin Grundmann
Gesetzt aus der Scala
Druck: CPI books, Leck
CO_2-neutral gedruckt auf säure- und chlorfreiem Papier
ISBN 978-3-86754-526-6
1. Auflage 2024

INHALT

VORWORT

Hoffnung durch Gespräche mit einem Hoffnungslosen – Versuch eines Vorworts 13

DER BRIEFWECHSEL

Dick Boer, Anfang Dezember 2022 21

Zeitenwende + Die Befreiungsprojekte sind gescheitert + Die Tora erfüllen + Vertrauen, Hoffnung, Solidarität + Ich habe die Hoffnung verloren + Der Klimawandel hat die Menschheit eingeholt + Der humane Krieg + Der Bund zwischen Mensch und Gott + Ein Trost: nicht auf die Tora verzichten

Dick Boer, Ende Dezember 2022: Jahresschluss-Vers ... 25

es ist zeit, abschied zu nehmen

Klaus Weber, Anfang Januar 2023 26

Du hast die Hoffnung verloren?! + Die »Letzte Generation« + Glaube an eine revolutionäre Gesellschaftstherapie + Die Feigheit der Linken + Unausweinbares Weinen + Christian Geissler (k): Die letzte Chance ist vertan + Irrwege sind notwendig + Die Leugnung der Widersprüche + »Gramsci« eine italienische Nudelsorte? + »›Hoffnungslos‹ ist nicht ›verzweifelt‹« (Handke) + Grüne Waffen für den Frieden + Pflicht und Gehorsam 1: NEIN! + Der Mensch ist nicht »von seiner Jugend her böse«

Dick Boer, 16. Januar 2023 33

Ich kann es nicht mehr so sagen … + Die reale Vernichtung und Ausrottung der Welt + Das kommunistische Projekt hat verloren + Eine andere Welt war möglich + Man kann den Glauben für immer verlieren + Woher kommt der Mut zum Handeln? + Das Tun des Guten + Es ist geboten, das »Rechte« zu tun + Pflicht und Gehorsam 2: In die Pflicht genommen von den Unterdrückten + Und wenn die Student_innen einfach aussteigen? + Lenin hilft 1 + Letzte Generation: letzte Hoffnung?

Klaus Weber, Anfang März 2023 39

Bürgerliches Feuilleton verbreitet Hoffnungsideologie + Der Klimakrise »effizient« begegnen + Fortschrittsglaube und Spektakel + PS erhöhen, Tempolimit verbieten – für unsere »Freiheit« + Kein Verzicht: besser für Mensch und Natur + Technoider Elfenbeinturmbewohner + Dematerialisierung und Ressourcenproduktivität: Plastikwörter der Klimakiller + Menschenopfer für den Fortschritt + Hoffnung 1: Für die Reichen reicht es immer + Mit Neid ist zu rechnen + Mein Auto ist ein »engelgleiches Wesen« + Hoffnung 2: Augen zu und feiern + Pestizidvergiftung, Waldsterben, Überschwemmungen + Gefährlich ist: die Natur + Ignoranzproduzenten und -produktion + Hoffnung 3: Dann lieber Zorn! + Wer sein Auto »liebt«, lebt lieblos und langweilig + Zorn 1: Er beflügelt mich + Hoffnung 4: Sie kann Opium fürs Volk sein + Zorn 2: Ein Abwehraffekt? + Zorn 3: »Der Zorn über das Unrecht macht die Stimme heiser« (Brecht) + Kein Zurück hinter »Auschwitz« + Ich bleibe »uneinsichtig« + Es braucht kein Unten und Oben, von gleich zu gleich ist möglich + Ob die »Schwachen« die Guten sind? + Pflicht und Gehorsam 3: Sie erzeugen Ohnmacht + Helfen geht nicht ohne Ziel + Hoffnungslosigkeit – eine Alterserscheinung + Faust ballen und Halleluja singen

Dick Boer, Ende März 2023 54

Die gebotene Radikalität + Zorn 4: Er kann zum Handeln drängen + Zorn 5: Er kann einen Marx, aber auch einen Terroristen hervorbringen + Oben/Unten: Wer ist wo? + Solidarität ist horizontal + Die Realität, nicht die Begriffe umkehren + Handlungsfähigkeit 1: Kann jede_r handeln? + Handlungsfähigkeit 2: Wenn die Sprache der Revolution nicht mehr gehört wird + Die herrschende Ordnung übernimmt »unsere« Begriffe + Der Mensch ist aus krummem Holz gemacht + Freiheit, dem Gesetz des Kapitalismus zu folgen oder dem Gesetz seiner toxischen Männlichkeit + Kategorischer Imperativ: Der Mensch als Selbstzweck + Kant und Marx + Du darfst dich nicht hängen lassen! + Es war alles umsonst + Vernunft versus Religion + Kant übersetzt in eine neue Sprache + Gottlose, nicht gesetzlose Moral + Das Gesetz ist Verpflichtung + Und die Sünde? + Wer Kommunist ist, muss gläubig sein + Kants Mensch benötigt keinen Gott + Gott ist »alles in allen« + Einen Bund schließen statt Befehle erteilen + Die Pflicht freiwillig auf sich nehmen + Die Kirche braucht das »Böse« + Tora geht auch ohne Gott + Die Welt geht auf ein Ende mit Schrecken zu

Klaus Weber, 22. Mai 2023 67

China, Auschwitz, DDR: das Wissen ist immer zu wenig

Dick Boer, 23. Mai 2023 68

Die konkreten Niederlagen dialektisieren + Die Menschheit stellt sich nur Aufgaben, die sie lösen kann + Das Leiden der Genoss_innen an den Niederlagen + »Nie wieder Auschwitz!« – was bedeutet der Satz für künftiges Handeln

Klaus Weber, Mitte August 2023 71

Gerechtigkeitsarbeit konkret + Wie behinderte Menschen schikaniert werden + PKW durch Verwaltungsbeamte abgelehnt + Was zumutbar ist, bestimmt der Nichtbehinderte + Der Sinn politischen Handelns + Hoffnungslosigkeit allüberall + Deutsche Bürokratie funktioniert von Bismarck über Hitler bis heute + Das sinnliche, wirkliche, praktische Leben + Pflicht und Gehorsam 4: Vernünftiger Imperativ oder Nazi-Sprech? + Die Politik der Grünen: Zerstörung überall + »Russlandfreunde« denunzieren – Weltzerstörer weitermachen lassen + Die »innere Barbarisierung« Deutschlands + Deutschland: Land der Tierliebe und Menschenverachtung + Betroffenheitsgeschwätz mit Plastikwörtern + Heiner Müller: Faschismus und Zeit + Mittelschichtskinder wollen Krieg – als »grüne« Erwachsene + Drei Linke: eine terroristische Vereinigung + Drei Neonazis: bedauernswerte Einzeltäter + Handlungsfähigkeit 3: Handeln hat immer ein Ziel + Geschichte von Herrn Keuner + Hilfe: eine Barmherzigkeitsdroge + Den Unglauben bekennen + Das Plastikwort »zeitnah«

Dick Boer, Anfang Oktober 2023 85

Gerechtigkeitsarbeit: Übersetzung von »Tora tun« ins Säkulare + Verbindung von Theorie und Praxis + Den Direktor heiraten + Vom Handeln kann man nicht in Ist-Sätzen reden + Lenin hilft 2: Eine aussichtslose Situation in eine perspektivvolle »drehen« + Erfolg ist das Einzige, das zählt + Handlungsfähigkeit 4: Ein suspekter Begriff + Sehnsucht nach einem herrschaftsfreien Leben + Frei, gleich und geschwisterlich + Ohne Marx und Freud greift der Protest zu kurz + Kants Pflichtbegriff ist nicht ohne weiteres abzulehnen + Selbständigkeit statt Brüderlichkeit + Reaktionäre Aufstände bedrohen die französische Republik + Arbeiter konnten in der DDR nicht streiken, durften aber + Deine Abneigung gegen »Pflicht«, »Gebot« und »sich fügen« + Alle Verhältnisse umzuwerfen, in denen ... + Korrumpierte Begriffe + Der Heimatbegriff ist widersprüchlich wie die Verhältnisse selbst + Faschismus als herrschende Ideologie des Westens + Der heutige Faschismus versteckt sich hinter seiner freiheitlich-demokratischen Maske + Wie könnte eine Regierung Amazon entschädigen? + Überlegenheitserklärungen + Zielscheibe der neuen Nazis sind wir »dreckige Kommunisten« + Orte, die es nicht mehr gibt + Was bleibt ist Trauer + Tora ist keine Leertaste, sondern eine Wegweisung

Dick Boer, Ende Dezember 2023: Jahresschluss-Vers ... 99

könnte es das sein, das glück

DIE BEITRÄGE

Dick Boer ... 103

Immer noch Christen für den Sozialismus – Gedanken zu 50 Jahre *Christen für den Sozialismus* CfS

Klaus Weber ... 118

es geht eine überraschung – Zu Dick Boers »Wenn nichts mehr stimmt ... Hiob rettet den NAMEN«

Literatur ... 129
Über die Autoren ... 135

VORWORT

Hoffnung durch Gespräche mit einem Hoffnungslosen – Versuch eines Vorworts[1]

Klaus Weber

Erst ab 2022 schreiben wir uns Briefe; vorher treffen wir uns bei Kongressen und Tagungen und zweimal besuche ich Dick Boer in Amsterdam. Wir sind selten einer Meinung und streiten uns gerne – das zeichnet unsere Freundschaft aus und ist in Zeiten des Manichäismus, in dem es nur so wimmelt von »Lagerdenken« (böser Russe – guter Westen; freiheitsliebende Impfgegner – staatsgläubige Impfbefürworter; die Welt zerstörende Autofahrer_innen – die Welt rettende Klimakleber_innen etc.) und einer dem anderen nicht mehr zuhört, eine seltene Sache geworden. Ob uns das Nachdenken über Hoffnung auf eine bessere Welt bzw. das »Wissen«, dass sie nicht mehr zu retten sein wird, verbindet oder auseinandertreibt, wird sich zeigen. Ob »jetzt ... das ende der menschheit angebrochen« ist, wie Dick in seinem Jahresschluss-Vers 2022 schreibt, hat nur zu einem kleinen Teil Platz in meinem Herzen und meinem Kopf. Wenn ich von K.I.Z., einer Dicks Ohren wohl kaum zumutbaren Berliner Band, den Song »Hurra die Welt geht unter« höre, und das mit Freude (»Und wir singen im Atomschutzbunker: / Hurra, diese Welt geht unter! / Auf den Trümmern das Paradies«), dann glimmt in mir Zorn gegen das herrschende kapitalistische System und seine grün-rot-schwarz-blauen Lakaien auf und ich hoffe auf ein Paradies vor dem besungenen Untergang. In den Worten von K.I.Z.: »Dieses Leben ist so schön, wer braucht ein Leben danach?« Wir wissen, dass der Text falsch ist, weil das Leben für viele Menschen unerträglich und eben nicht schön ist, sodass sie das Paradiesische auf

1 Überarbeiteter Text eines Beitrags für das *Neue Deutschland* vom 8.6.2018 über Dick Boers Buch »Theopolitische Existenz – von gestern, für heute. Texte 1978–2014«. 2017 erschienen im Argument Verlag Hamburg.

»ein Leben danach« – in eine Region der Vertröstung – schieben. Für mich gilt jedoch: Gerade in den Diskussionen mit Dick erlebe ich politische Freundschaft als etwas so Wunderbares, dass ein Teil meiner verbliebenen Hoffnung darauf beruht, mit diesem hoffnungslosen Ketzer befreundet zu sein.

Wir laufen stundenlang gegen den stürmischen Wind der Nordsee an und diskutieren: über die Abgründe und Höhepunkte marxistischen Denkens, über meinen hoffenden Unglauben in dieser ungerechten Welt und über die Fragen einer Möglichkeit, sie zu einer besseren zu machen. Dick Boer, den ich Freund nenne, obwohl wir uns selten begegnen, schreibt seit Jahrzehnten für das *Historisch-kritische Wörterbuch des Marxismus.* Mitte der 1990er Jahre sehe und höre ich ihn zum ersten Mal auf einer Tagung: Den Kopf leicht geneigt, den Gesprächspartner_innen intensiv zuhörend, ist jedes Wort der Entgegnung oder Zustimmung bedacht, leise und freundlich. Seit ich ihn kenne, zweifelt er daran, dass ich ungläubig bin – und stärkt mit seiner Kontraposition eigenartigerweise meine Hoffnung in der politischen Arbeit. Dick ist Theologe (er war Pfarrer der Niederländischen Gemeinde in der DDR) und Marxist. Was ich von ihm gelesen habe, sind seine Predigten und Schriften, die seine theologischen sowie politischen Standpunkte (und die Zweifel daran) zusammendenken. Dick Boer begreift die Bibel als Schrift der praktischen Befreiung aus dem Joch jeglicher Herrschaft (mit dem *Auszug aus Ägypten* als Initialzündung aller Befreiungsbewegungen) und die marxschen Schriften – aber auch den »realen Sozialismus« – als Hoffnungsträger einer neuen Welt. Dick war selbst mit einem »erstarrten Sozialismus«, wie er ihn in der DDR erlebte, solidarisch: »Die DDR in ihrer Niederlage preiszugeben, als hätte sie es besser nie gegeben, empfand ich als Verrat an den vielen Menschen, die ihre Hoffnung auf sie gesetzt hatten und jetzt um diese Hoffnung betrogen worden waren.«

Nach dem Untergang des »realen Sozialismus« stellte sich die Hoffnungsfrage so dringlich wie nie. Dick machte sich keine Illusionen darüber, dass Befreiung auch immer heißt, mit gescheiterten Projekten und Niederlagen angesichts der Übermacht der Herrschenden leben zu müssen. Doch auch diesen »Siegen« gegenüber verliert er nicht seinen klaren Blick, wenn er deutlich macht, »dass die herrschende Ordnung, gegen die die Befreiungsbewegung angetreten ist, hoffnungslos verloren ist, auch wenn sie gesiegt hat«. Der Sieg des Kapitalistischen ist vom Standpunkt einer Welt der Gerechtigkeit, der Solidarität und der Liebe ihr Untergang. Doch was ist mit den Ausgebeuteten, den Elenden, Geknechteten, Gedemütigten? Ist damit nicht auch deren Untergang besiegelt? Ja und nein. Dick Boer – in der Dialektik der Niederlage erfahren – kennt die »Macht der Ohnmacht: Wir vermögen nichts als zu schreien. Dies, was ist, kann nicht wahr sein. Um so zu schreien, braucht man kein Christ zu sein. Ich kann jedoch auch nicht unterdrücken, dass ein solcher Schrei den ›Sitz im Leben‹ der biblischen Befreiungsgeschichte bildet«. Dieser Schrei der Ohnmacht benötigt klares Denken und Menschen, die daraus neue Hoffnung ziehen: Beispielhaft zeigt Boer an Bert Brecht, Anna Seghers, Heiner Müller und Volker Braun, wie Niederlagen, Hoffnung und das Verrücktwerdenkönnen am »realen Sozialismus« allemal besser sind, als sich »dem Westen« auszuliefern.

Seit Jahrzehnten ist Dick Boer in »Gemeinden« aktiv: christlichen wie marxistischen. Selbst das marxistische Wörterbuch und seine international verstreuten Mitarbeiter_innen sind ihm als Gemeinde wertvoll, auch wenn ein gemeinsames Treffen nur selten stattfindet. Sein Denken und Leben in kommunitären Bezügen ermöglicht und zielt gleichzeitig auf ein »Durchhalten« bei den »Mühen des Kampfes«. Der Ausruf einer kubanischen Marxistin »Keiner hat sein Leben eingesetzt, weil er *Das Kapital* gelesen hat« ist Titel für den eindrucksvollsten Beitrag in seinem Buch zur »theopolitischen Existenz«: Darin wird verhandelt, ob und wie wir – als Atheisten wie als Christen – die Utopie einer besseren Welt angesichts der Übermacht der gegnerischen Kräfte denken und leben können. Credo aller Menschen, die sich der Fesseln der herrschenden Ordnung entledigen wollen, ist das Tun (»das Tun der Thora«, würde der gläubige Jude sagen): »Wer nicht glaubt, dass eine andere Welt möglich ist, wird resignieren«. Deshalb ist es nötig, immer und immer wieder – trotz der schieren Unmöglichkeit einer Revolution – »alle Verhältnisse zu kritisieren, in denen der Mensch ein erniedrigtes, ein geknechtetes, ein verlassenes, ein verächtliches Wesen ist«. Die Kritik am Bestehenden kann getan werden, und die Hoffnung auf etwas Nie-Dagewesenes muss nicht aufgegeben werden, tagtäglich. Nur so wird Selbstveränderung und Arbeit für eine veränderte Welt überhaupt möglich. Wer sich zurücklehnt und das Handeln aufgibt, hat sich und eine gerechte Welt aufgegeben. Dick Boers Buch ist ein dialektisches Aufputschmittel für Ketzer_innen der Wirklichkeit, er ein sanfter Prediger des Unmöglichen, das wir realistisch in Betracht ziehen sollen.

Am letzten Tag meines Amsterdambesuchs gehe ich mit Dick in einen Gottesdienst seiner »Gemeinde«. Noch nie in meinem Leben war die Vorstellung einer möglichen »roten Zukunft« so nah wie mit den politisch aktiven Christen, die in einem schlichten Raum ihr Leben und das Zusammensein auf eine Art und Weise feiern, dass der Vorschein von Kommune spürbar ist.

Postskriptum Januar 2024: Die Silvesternacht 2023 ist vorbei: Millionen von Menschen haben den Kriegslärm, den sie nicht hören, nicht sehen und schon gar nicht spüren wollen (über 30 Kriege finden gerade weltweit statt; in kaum einen ist der »gute Westen« nicht verstrickt), durch ihren asozialen Privatlärm über zwei, drei Tage übertönt. Ich zweifle daran, ob die Verdrängungsaktivitäten ausreichten ... Mir geht es wie zu Zeiten des Münchener Oktoberfests und wie in Wochen von Fußball-Großveranstaltungen: Nie ist die Traurigkeit über den Verlust einer erhofften Welt, in der sich Menschen wie Menschen verhalten, sich ihre eigene Musik machen anstatt Plastikmelodien zu beklatschen, ihren Körper liebevoll bewegen anstatt Millionärs-Bodys zuzusehen, wie sie über grünen Rasen laufen; nie ist meine Traurigkeit so groß. Und doch höre ich heute, am ersten Tag des neuen Jahres »Courage to Change« von Sia, ein hoffendes Lied an die Welt: »World, I want to leave you better / I want my life to matter / I am afraid I have no purpose here / Have I the courage to change?«

Zorn, Trotz sowie die Lust auf ein anderes Leben als Vorschein einer besseren Welt sind meine Begleiter im politischen, kulturellen, privaten wie öffentlichen Alltagsleben – und der Austausch mit meinem Freund Dick Boer.

DER BRIEFWECHSEL

Dick Boer, Anfang Dezember 2022[2]

Dass die Zeiten sich am 24. Februar gewendet hätten, ist eine dicke Lüge. Kapital wird akkumuliert, wie immer, Krieg wird geführt, wie immer. Auch dass Politik und Medien wieder mal zum Krieg blasen und alle glauben sollen, es gäbe eine Zeitenwende, ist nicht neu, aber wird uns als »neu« verkauft. Die Bibel kennt nur eine Zeitenwende: »Ich [Johannes] sah einen neuen Himmel und eine neue Erde. Denn der erste Himmel und die erste Erde vergingen. Das Meer ist nicht mehr. Die heilige Stadt Jerusalem, die neue, sah ich aus dem Himmel herabsteigen [...] Gott wird jede Träne von ihren Augen abwischen. Der Tod wird nicht mehr sein. Auch Trauer, Wehgeschrei und Schinderei wird nicht mehr sein«. (Offb. 21,1–4) Das Buch Offenbarung verkündigt: »Es ist geschehen« (Offb. 21,6). Ich muss feststellen: Diese Wende ist nicht geschehen. Und nichts weist für mich darauf hin, dass sie je geschehen wird. Unser Lehrer Ton Veerkamp schrieb in seinem *Die Welt anders* zum Buch der Offenbarung: »Es kam kein neues Jerusalem vom Himmel her, sondern ein neues Jerusalem von Roms und seines Kaisers Hadrian Gnaden her« und »Alle messianischen Projekte sind gescheitert, die Erwartungen wurden enttäuscht« (Veerkamp 2012, 346). Wir können das historisieren: Das war damals, die Möglichkeit eines neuen Jerusalem muss damit nicht für immer abgeschrieben werden. Wir haben die Zeitenwende noch vor uns. Ton hat mit einer solchen kommenden Wende wohl eher nicht mehr gerechnet. Für ihn heißt es vielmehr, vom Messianismus Abschied zu nehmen.

Zeitenwende

Die Befreiungsprojekte sind gescheitert

Also: aus und damit fertig? Und für die Wohlhabenden unter uns: carpe diem, genieße das Leben, solange

2 Dieser Anfangstext ist die Fassung eines Beitrags zum *Christen für den Sozialismus*-Intensivseminar im Herbst 2022 und wird veröffentlicht in *Texte und Kontexte* (siehe https://texteundkontexte.de/).

es noch geht? Es gibt einen Satz von Jesus, der mir nicht aus dem Kopf geht: »Denkt nicht, ich sei gekommen, die Tora und die prophetischen Schriften außer Kraft zu setzen! Ich bin nicht gekommen, sie außer Kraft zu setzen, sondern sie zu erfüllen. Wahrhaftig, ich sage euch: *Bevor Himmel und Erde vergehen, wird von der Tora nicht der kleinste Buchstabe und kein einziges Häkchen vergehen, bis alles getan wird«* (Mt. 5,18). Jesus sagt es seinen Schülern. Ich vermute, sie sind geneigt, über ihren Messianismus zu vergessen, dass sie immer noch, ja für immer, leben in der Welt vor der Wende. Da gilt es, Tora zu tun. Gefragt wird nicht nach unserem Befinden, ob wir ja oder nein darauf vertrauen und hoffen, dass die Zeitenwende kommt. Das Vertrauen können wir verlieren, die Hoffnung kann uns abhandenkommen, sie ist mir abhandengekommen. Es ist wohl kein Zufall, dass es heißt: »Nun [in dieser Zeit vor der Zeitenwende] also bleibt: Vertrauen, Hoffnung, Solidarität, diese drei. Die größte aber von ihnen: die Solidarität« (1. Kor. 13,13; Übersetzung Gerhard Jankowski). Ich lese das so: Auch wenn es uns nicht mehr gelingt, zu vertrauen und zu hoffen, bleibt immer noch die Pflicht (Kant hatte recht!), solidarisch zu sein. Was gefragt ist, ist Gehorsam, geboten ist die Praxis im Geiste der Tora. Was das heißt, müssen wir zusammen herausfinden. Deshalb lesen wir die Bibel. Deshalb zerbrechen wir uns gemeinsam den Kopf über den Zustand der Welt. Denn dazu ist der Kopf ja da. Nach dem Wort von Marx: nicht nur um über das Elend zu seufzen, sondern um gegen das Elend überlegt, mit Sinn und Verstand, zu protestieren.

Die Tora erfüllen

Vertrauen, Hoffnung, Solidarität

Ich habe die Hoffnung verloren

Dass ich die Hoffnung verloren habe, lässt sich begründen. Zu hoffen, die Zeitenwende werde – trotz alledem – kommen, setzt voraus, dass die Zeit dafür reicht. Georg Fülberth hat sich und uns nach dem Zusammenbruch des sozialistischen Projekts trösten wollen mit der Überlegung, dass es 500 Jahre gedauert hat, bevor der Kapitalismus sich gefestigt hat, dass wir also damit rechnen müssen, dass der Sozialismus auch 500 Jahre braucht, bis er sich endgültig durchgesetzt haben wird[3]. Aber diese Zeit haben wir nicht mehr, sie läuft uns davon. Der Klimawandel wird die Menschheit einholen, hat sie schon eingeholt. Wenn Ton in seinem *Die Welt anders* schreibt: Die Erzählung bleibt, dann verstehe ich das wie gesagt so: Die Tora bleibt zu tun!

Der Klimawandel hat die Menschheit eingeholt

In der Einladung zu unserem Intensivseminar ist die Rede von einer »Wende zur radikalen Menschlichkeit«. Das ist ein Protest gegen einen Humanismus als kriegsrechtfertigende Ideologie: »unsere Wertegemeinschaft« gegen alle, die unseren imperialen Träumen im Wege stehen. Die Bibel weiß es besser: Der wahre Mensch ist in unserem Äon der Gekreuzigte, der Tora tat, damit wir nicht sagen können, dass in unserem Äon Tora nicht getan werden kann. Dabei macht sich die Bibel über das Menschengeschlecht keine Illusionen, wenn sie Gott nach der großen Flut sagen lässt: »Nicht will ich hinfort den Acker wieder verfluchen um des Menschen willen, weil das Gebild des Menschenherzens von seiner Jugend her böse ist« (Gen. 8,21).

Der humane Krieg

Gerade in diesem Zusammenhang erscheint der zentrale Begriff für das Verhältnis zwischen Gott (dem Gott Israels!) und Mensch: der Bund. Der Mensch wird von Gott als Bundesgenosse in die Pflicht genommen. Es hängt auch von ihm ab, was aus der verkehrten Welt wird. Ich hörte dazu eine schöne Überlegung von Ágnes Heller, Jüdin und marxistische Philosophin. Sie wurde in einem Interview gefragt, ob Gott allmächtig sei. Ihre Antwort lautete: Ja, aber er hat einen Teil seiner Allmacht zurückgenommen, um den Menschen die Mitverantwortung für das Wohlergehen der Welt zu übergeben. Noch radikaler sagt es der jüdische Spruch: Entscheidend ist nicht, ob es Gott gibt, entscheidend ist: Wir haben die Tora, und die sollen wir tun!

Der Bund zwischen Mensch und Gott

---

3 Die Überlegungen Fülberths finden sich in der Zeitschrift *konkret 4/2000* unter dem Titel »Kurze Sprünge. Geht's ihm gut oder geht er unter? Ein Kapitalismusattest«, 36f.

Ein Trost: nicht auf die Tora verzichten

Ich bin mir bewusst, dass dies alles deprimierend ist. Aber die Zeit, in der wir leben, *ist* deprimierend. Wer da das Vertrauen, es werde noch gut kommen, behält, dem/der sei das gegönnt; wer die Hoffnung nicht verliert, dem will ich sie nicht madig machen. Aber für die, die wie ich keine Hoffnung mehr haben und nicht mehr auf ein glückliches Ende vertrauen können, könnte es paradoxerweise ein Trost sein, deshalb nicht auf die Tora verzichten zu müssen – zu dürfen! Ob die Zeitenwende kommt, ist nicht unsere Sache. Das ist Gottes Sache allein – wenn er will und lebt (Friedrich-Wilhelm Marquardt).

Dick Boer, Jahresschluss-Vers 2022

27.12.2022

es ist zeit, abschied zu nehmen
von einer welt
in der menschen einander finden würden
geschwister brüderlich zusammen
im garten eden
endlich, endzeitlich
jenseit von gut und böse
und der tanz um den baum des lebens
beginnen kann
ende gut, alles gut

freundinnen und freunde
genossen und genossinnen
schwestern und brüder
ich spreche für mich:
ich habe den glauben verloren
es wird kein gutes ende nehmen
auch die hoffnung ist zuletzt gestorben
die zeit läuft uns davon
eine umkehr kommt zu spät
wir hatten die chance
war die erde nicht gut geschaffen?
aber nein
wir wussten es besser
der mensch ist nun einmal ...
jetzt ist das ende der menschheit angebrochen

freundinnen und freunde
genossen und genossinnen
schwestern und brüder
ich spreche für mich:
die liebe bleibt
die liebe

Klaus Weber, Anfang Januar 2023

Lieber Dick,

Dein Vortrag in Münster zur »Zeitenwende« und Dein Gedicht zur Jahreswende sind auf schreckliche Weise hoffnungslos. Der Dick, der noch in seinem Buch *Erlösung aus der Sklaverei* darüber nachdachte, ob und wie eine »Gesell-schaft ohne Herr-schaft tatsächlich zu organisieren sei« (2008, 226); der Dick, der 2017 in *Theopolitische Existenz* von seinem »grundlosen Glauben, es kann nicht alles umsonst gewesen sein«, schrieb und ein »hoffentlich, hoffe ich« (161) dahintersetzte; der Dick, der noch in seinem *Hiob*-Buch 2019 schreiben konnte: »Es wird eine Zeit kommen, da ... Auf diese Zeit darf Hiob – und dürfen wir mit ihm – hoffen« (179). Dieser Dick, mein Amsterdamer Freund, hat nun die Hoffnung verloren.

Du hast die Hoffnung verloren?!

Was soll ich dazu sagen und schreiben? Der Kapitalismus hat sich zu Tode gesiegt: Diesen Satz von Dir, von dem ich jetzt nicht weiß, wo er steht, kann ich unterschreiben. Und einen weiteren: Was wir als Menschen zustande bringen können, ist, laut NEIN zu sagen zur herrschenden kapitalistischen Ordnung, die selbst – so Deine Worte – »hoffnungslos verloren ist«. Alle Hoffnungen sind enttäuscht, das Vertrauen in eine »bessere Zukunft« ist geschwunden. Nicht ohne Grund nennen sich (vor allem junge) Menschen, die ein Zeichen gegen die ökologische Verwüstung der Erde setzen wollen, »letzte Generation«. Von Wolfgang Hien, einem revolutionär-klugen Arbeits- und Gesundheitswissenschaftler, lese ich *Die Arbeit des Körpers von der Hochindustrialisierung bis zur neoliberalen Gegenwart*, und er zeigt, dass der Zerstörung der Natur immer die menschenverachtende Ausbeutung des Menschen vorausgeht: Arbeiter_innen sterben an Blei- und Asbestvergiftungen, an unzähligen giftigen Stoffen, mit denen zu hantieren sie gezwungen wurden und werden bis heute – oft unter Duldung durch die Gewerkschaftsbonzen, die gemeinsam mit den Kapi-

Die »Letzte Generation«

talvertretern für die jeweiligen Standorte und nicht für ihre Kolleg_innen und deren Gesundheit (also ihr Leben) streiten. Am Ende weiß auch Hien kein revolutionäres Subjekt auszumachen, und er zitiert John Holloway, was mich an Deine Sätze erinnert: »Angesichts der Verstümmelung des menschlichen Lebens durch den Kapitalismus ein Schrei der Trauer, ein Schrei des Entsetzens, ein Schrei des Zorns, ein Schrei der Verweigerung: NEIN« (2018, 325). Die Welt ist nicht so, sie kann auch anders sein – so das Credo Hiens. Er glaubt noch an eine »revolutionäre Gesellschaftstherapie: sich und den bzw. die Anderen wieder spüren zu lernen, angesichts des Antlitzes des und der Anderen sich auf seine soziale Verantwortung der Welt gegenüber besinnen« (ebd., 326). Ich schreibe an dieser Stelle an den Rand: »Wer soll diese Therapie mit wem und wie machen?«

Glaube an eine revolutionäre Gesellschaftstherapie

Deine Verzweiflung im Kopf, lese ich die Tageszeitungen anders: Jede Meldung zum Krieg in der Ukraine, zur Ausbeutung von Rohstoffen für die smarten E-Autos, mit denen sich grüne Menschen so fortschrittlich vorkommen, zur Zerstörung des Dorfes Lützerath für den Braunkohleabbau mit dem Segen des grünen Wirtschaftsministers, zur Hetze der grünen Außenministerin gegen alles Russische (das »Böse«, wie uns Bundespräsident Steinmeier wissen lässt) und zur Feigheit der Linken, eine klare antimilitaristische Position einzunehmen – all das und noch viel mehr bestätigt Deine Worte von der Hoffnungslosigkeit, von der Hoffnung, die Dir »abhandengekommen« ist. In Euripides' *Iphigenie bei den Taurern* spricht die Agamemnon-Tochter von all dem Leid, das der Raub Helenas und der Trojanische Krieg gebracht hätten. Ihre Worte: »Unausweinbares Weinen« beherrsche sie – so viel Leid und Schmerz in ihrem Leben, dass die Tränen nicht geweint werden können. So scheint es mir bei Dir mit der Hoffnungslosigkeit zu sein: So viel Grausames und Menschen- und Weltzerstörendes, das Dein Herz voll macht, sodass Hoffnung, Zuversicht oder gar Befreiungsdenken und -handeln Dir nicht (mehr) möglich scheinen.

Die Feigheit der Linken

Unausweinbares Weinen

Seit Jahren lese ich in Christian Geisslers (k)[4] Büchern, der schon lange vor Deiner (und meiner?) Hoffnungslosigkeit ahnte (wusste?), dass Befreiung und Widerstand gegen die herrschende Ordnung, die er immer »kalt« und »weiß« nennt, vorbei sind. In einem seiner letzten Vorträge bei der Rosa-Luxemburg-Konferenz 2005 spricht er von seiner kommunistisch-sozialistischen Hoffnung, der er sein ganzes Leben widmete (2022, 6, 9, 26f.):

Christian Geissler (k): Die letzte Chance ist vertan

> »für einen kommunisten ist ratlosigkeit die eigentlich / widerliche erfahrung. / in der bin ich mitten drin. / ... :heute die transnationale barbarei / ist wesentlich unumkehrbar: / tun wir mal nicht ALS OB. / wir sind mitwirkend ihr teilhaftig. /:heute die barbarei produziert / die bedingungen ihrer dauer: / ... sozialismus oder barbarei war keine / beliebige alternative. / war ohne jede gemütlichkeit. / ohne spielraum / der radikal vernünftige hinweis / auf unsere letzte chance. / die gibts. / die gabs. / die ist vertan. / wer wars? / das wars.

Und nun lese ich Dein »die Zeit läuft uns davon / eine umkehr kommt zu spät / wir hatten die chance« und frage: Wer ist »wir«? Wieso sprichst Du von einer »Umkehr«? In welche Richtung sollte der »umgekehrte« Weg führen – war denn Dein Weg und ist meiner falsch? Selbst wenn: Sind die Irrwege, wie Erich Fried in einem seiner Gedichte schreibt, nicht notwendig, um die richtigen Wege zu finden (falls es richtige Wege geben sollte)[5]?

Irrwege sind notwendig

---

4 Das »k« steht hinter Geisslers Nachnamen auf den Titeln der letzten Bücher. Es bedeutet, dass er sich nach wie vor als »Kommunist« versteht.

5 »Irrwege: Besser zehn Irrwege als gar keinen Weg suchen / Besser sterben am Irrweg als sitzen auf einer Bank / und sich freuen am Wanken und Hinfallen der Verirrten / Besser sich verirren und sogar besser / andere weil man sich irrt in die Irre führen / als ihnen abreden von jeder Suche nach Wegen / solange es möglich ist dass da noch ein Weg ist« (Fried 1994a, 552).

Und stimmt es, dass »wir« jemals eine Chance, eine Gelegenheit hatten? »Ich spreche für mich«, schreibst Du. Also werde ich dasselbe tun:

Jeden Tag lese ich die *Frankfurter Allgemeine Zeitung* und die *junge Welt*, schreibe Leserbriefe, um im ersten Fall der Bourgeoisie gedanklich auf die Sprünge zu helfen: dass es Klassenunterschiede gibt, dass die (Neo-)Faschisten sich durch das Bürgertum hervorragend unterstützt sehen, dass Lohnarbeit und Kapital (und die jeweiligen Menschen in diesen Gruppen) ein entscheidendes Kriterium sind, um gesellschaftliche Prozesse zu verstehen, usw. Die andere Zeitung mache ich darauf aufmerksam, dass es nicht reicht, auf der richtigen Seite zu stehen, dass bedenkenloser Optimismus (bei jeder Streikaktion zu denken, das revolutionäre Subjekt wäre neu erstanden) ebenso problematisch ist wie die Leugnung der Widersprüche innerhalb der linken Bewegung und Partei; an der Hochschule lehre ich 18 Stunden wöchentlich – fast alle meine Seminare hängen mit der Aufstachelung zum kritischen Denken, der Infragestellung der gesellschaftlichen Normalität sowie der Ermöglichung von Handlungsräumen für Student_innen zusammen; ich bin Fraktionssprecher der *LINKEN* im oberbayerischen Bezirkstag und schreibe mit zwei Genossinnen Anträge und Anfragen – wir arbeiten mit einer radikalen Behindertengruppe zusammen, um deren Rechten und Ansprüchen eine Stimme in der kommunalen Vertretung zu geben; ich mache Bergführungen für Mitglieder meines Sportvereins (was einfältige Kolleg_innen an der Hochschule als zivilgesellschaftliches Engagement bezeichnen, weil ihnen bei Gramsci eher eine Nudelsorte einfällt denn ein italienischer Kommunist, der unter Zivilgesellschaft etwas ganz anderes verstand); ich halte Vorträge zu Antisemitismus, Antifaschismus, Inklusion und vielen Themen mehr; ich schreibe Artikel für die *junge Welt*, für Fachbücher, und ich gebe zwei Reihen (Kritische Psychologie; Gestalten der Faschisierung) im Argument Verlag heraus; zum Schluss: Ich lese für

Die Leugnung der Widersprüche

»Gramsci« eine italienische Nudelsorte?

mein Leben gern: Belletristik, Sachbücher und vieles mehr. Damit das alles in meine Tage hineinpasst ohne allzu große Belastung, gehe ich im Winter Skitouren und im Sommer Bergtouren, und ich spiele fast täglich, aber immer noch zu selten Akkordeon.

»›Hoffnungslos‹ ist nicht ›verzweifelt‹« (Peter Handke)

Selten, vielleicht zu selten, frage ich mich, warum ich das alles mache. Wenn es stimmen würde, dass ich »hoffnungslos« bin (»›Hoffnungslos‹ ist nicht ›verzweifelt‹. Aber ›verzweifelt‹ ist, unter anderem, auch ›hoffnungslos‹« [Handke 2016, 302]), könnte ich dann das Beschriebene alles machen? Die Frage ist wohl falsch gestellt. Wenn ich so viel mache, was dazu beitragen kann, dass »die Welt bewohnbar [...] wird« (Veerkamp 2012, zit. n. Boer 2014, 52), kann ich das ohne Hoffnung – auf eine andere Welt, eine gerechtere Weltgesellschaft? Ich muss zugeben, dass ich nicht weiß, ob all das, was ich mache, zu einer bewohnbaren Welt führen kann und wird. Wenn ich ein Wort suche, das für die Beweggründe meines Handelns passen könnte, fällt mir »Zuversicht« ein. Peter Handke ist es (wie so oft), der das Wort pragmatisch einbettet: »Was ist, zum Beispiel, Zuversicht? Ich habe meine zwanzig Jahre alten Schuhe zur Reparatur gegeben und werde sie übermorgen abholen« (2016, 134). Auf einem Grabstein hat er gelesen, was mein Gefühl zum Ausdruck bringt, wenn ich trotz Kapitalismus, Krieg und Corona mich wie ein »Menschenfischer« verhalte, um andere von der Grausamkeit der herrschenden Ordnung und der Notwendigkeit einer radikalen Umkehr zu überzeugen: »Uns ist bange, aber wir verzagen nicht« (ebd., 196). Ja, mir ist bange; zum ersten Mal seit langem habe ich Angst – weniger vor den »bösen Russen« als vor der gigantischen US- und NATO-Aufrüstungsmaschine und ihren Adepten bei den Grünen. Kriegs- und todesgeil fordern sie immer mehr Waffen für die Ukraine, weil diese den Frieden bringen sollen. Trotz alledem: So wie Du mir früher nahegelegt hast, dass ich ein ungläubiger Glaubender sei, so bin ich heute wohl ein hoffnungslos

Grüne Waffen für den Frieden

Zuversichtlicher. Vielleicht kann ich es so ausdrücken wie die kanadische Schriftstellerin Anne Michaels, wenn sie davon schreibt, »dass wahre Hoffnung frei von Erwartung ist« (1997, 148): Die Hoffnung ist (noch) vorhanden, sie ist jedoch nicht »gefüllt« mit einem konkreten Ziel, einer Realutopie.

Pflicht und Gehorsam 1: NEIN!

Wahrscheinlich ist das, was ich mache, mit Deinem Tora-Tun richtig bezeichnet. Doch keinesfalls teile ich Deine Zusatzwörter, die Du dem Tora-Tun beigibst. Du sprichst von »Gehorsam« und »Pflicht« und ordnest also das Tora-Tun in einen vertikalen Rahmen statt in einen horizontalen. Nicht der marxsche »Verein freier Menschen« bildet den Horizont Deiner hoffnungslosen Gedankenfülle, sondern eine Unterordnung von uns Menschen unter eine übermenschliche Macht. Wenn aber, wie Du einen jüdischen Spruch zitierst, nicht entscheidend ist, ob es Gott gibt, sondern dass wir das Gerechte jederzeit tun, wo kommt dann das Pflichtgefühl, wo kommt der Gehorsam her, den man und frau doch nur gegenüber einem mächtigeren Wesen zu zeigen hat?

Der Mensch ist nicht »von seiner Jugend her böse«

Sosehr ich den Bundesgedanken begrüße (der aber doch nur Sinn hat, wenn er sich auf eine bessere Welt richtet), so unerträglich finde ich den Gottesspruch in Genesis 8,21: »weil das Gebild des Menschenherzens von seiner Jugend her böse ist«. Das, was wir tagtäglich aus den konservativen und herrschaftstreuen Medien zu hören kriegen – am Menschen und seiner Bösartigkeit, seinem Neid, seiner Gier scheitert eine gerechte Gesellschaft –, das klingt hier an. Du rückst es nicht zurecht. Wie sehr streite ich gerade mit Student_innen tagtäglich darum, dass sie das historisch-spezifische Gewordensein der Menschen in (besser: unter) kapitalistischen Verhältnissen nicht verwechseln mit den universellen Möglichkeiten des Menschen, die – mit Bloch – jedoch noch in der Zukunft liegen. Hast Du das Wissen darum aufgegeben mit dem Glauben und der Hoffnung auf diese Zukunft?

So widerspreche ich Dir auch im letzten Punkt. Ob die Zeitenwende kommt, sei »nicht unsere Sache«, schreibst Du in Deinem letzten Satz. Solange wir noch nicht tot sind, *ist* es unsere Sache – ganz ohne den Gott, den es nicht gibt und der nicht lebt. Falls doch, dann in unseren Taten der Tora – so unbedeutend sie auch sein mögen.

Dick Boer, 16. Januar 2023

Lieber Klaus,

ja, diese Sätze habe ich geschrieben: über die Hoffnung des »trotz alledem«, mit der ich gegen die Verzweiflung anschrieb. Ich schrieb sie 2017 in den Kommentaren zu den Texten, die ich zwischen 1978 und 2014 veröffentlichte und die mein Freund Thomas Klein im Sammelband *Theopolitische Existenz – von gestern, für heute* herausbrachte. Aber ich kann sie tatsächlich heute so nicht mehr sagen. Das ist ein Zitat des Berliner Theologen Friedrich-Wilhelm Marquardt, der, nachdem Auschwitz »in sein Denken gefallen war«, zur Theologie von Karl Barth, für den die »Zeitenwende« im Messias ein für alle Mal stattgefunden hat, schrieb: »So, wie Barth es gesagt hat, kann ich es nicht mehr sagen«. Mein »Nach« ist: nachdem der Klimawandel – der in eine Welt führt, in der für uns Menschen kein Platz mehr sein wird – unaufhaltsam geworden ist. Auschwitz ist übrigens in diesem »Nach« auch ein Datum, hinter das wir nicht mehr zurückkönnen, weil es unwiderruflich klargemacht hat, dass Menschen fähig sind, ein Projekt totaler Ausrottung zu planen und auszuführen. Dasselbe gilt für die reale Möglichkeit, die Erde mit Kernwaffen endgültig zu vernichten.

Ich kann es nicht mehr so sagen …

Die reale Vernichtung und Ausrottung der Welt

Jetzt höre ich Dich laut protestieren: Lieber Dick, Du redest von Menschen, aber es sind doch nicht »die« Menschen, die das tun. Es ist das kapitalistische System, die Logik des Kapitals, auf dessen Linie wir unaufhaltsam in die Barbarei und letztendlich in die (Selbst-) Vernichtung geführt werden. Oder vielleicht ist Dein Protest verhaltener, weil auch Dir »irgendwie« schwant, dass Kapitalismus und Mensch(lichkeit) so unauflöslich ineinander verstrickt sind, dass ein Ausweg in ein Jenseits der Logik des Kapitals zwar immer noch denkbar, aber nicht mehr in der Wirklichkeit begründbar ist. Was doch der Kern der marxistischen Theorie ist: die

Begründbarkeit, dass eine andere Welt als die kapitalistische möglich ist.

Aber lass mich wieder für mich selber sprechen: Ich kann es also so, wie ich damals von Hoffnung sprach – und von Glauben und Bekenntnis (als ich schrieb: »zu schreien: WAS IST, KANN NICHT WAHR SEIN!«; 2017, 81) –, nicht mehr sagen. Und als ich es noch sagte, war meine Hoffnung schon die Korrektur meiner vor der »Wende« übrigens auch schon wagemutigen Behauptung, die Allianz zwischen Christen und Kommunisten bestünde darin, dass beide meinten, die Wirklichkeit sei objektiv [!] geeignet, sie »historisch optimistisch« zu betrachten[6]. In der Zeit flossen mir noch Sätze aus der Feder wie: Die Geschichte ist auf unserer Seite. In meinem Kommentar zu diesem Text schrieb ich: »Die Möglichkeit der Niederlage des kommunistischen Projekts wird von diesem Optimismus praktisch total verdrängt« (ebd., 40). Diese Hoffnungssätze waren also schon geprägt von der Erfahrung, dass ich es so, wie ich es vor der Wende gesagt hatte, nach der Wende nicht mehr sagen konnte. Aber während des Schreibens dieser Kommentare rührte sich bei mir Unbehagen über die forsche Art, wie ich Glaube und Hoffnung gegen die Verzweiflung ins Feld führte. Ein Interview, das 2014 in der Zeitschrift der Rosa-Luxemburg-Stiftung veröffentlicht wurde, schloss ich ab mit: »Es gibt in der Welt der Religion aber einen Störfaktor, der die Ohnmacht dort angreift, wo diese übermächtig erscheint. Es ist der Glaube, dass eine andere Welt möglich ist. Menschen, die das glauben, sind die ›natürlichen‹ Bundesgenossen der Linken« (ebd., 187). Ich kommentierte: »Doch empfinde ich rückblickend (2017) das immer wieder Beschwören des Glaubens – als letzter Widerstand gegen die Verzweiflung, die sich eines bemächtigen kann, wenn die Wirklichkeit

Das kommunistische Projekt hat verloren

Eine andere Welt war möglich

6 Siehe: Die Kommunisten und die Kirche. Ein Versuch zum Weiterdenken (1978). In: Dick Boer, Theopolitische Existenz – von gestern, für heute. Hamburg: Argument 2017.

ihm alle Aussicht auf ihre Veränderbarkeit nimmt – als zu dreist, um glaubwürdig zu sein. Es klingt zu sehr wie ein ›Gut gebrüllt, Löwe‹, wenn mit einer gewissen Monotonie wiederholt wird: Eine andere Welt ist möglich. Ich übersah oder wollte übersehen, dass einer den Glauben auch und zwar für immer verlieren kann« (ebd., 188). Da war ich schon nahe daran, explizit zu sagen: Ich *habe* den Glauben verloren, habe keine Hoffnung mehr, die Welt ließe sich noch retten, oder theologisch gesprochen: Gott werde nicht zulassen, dass sie rettungslos verloren geht.

Man kann den Glauben für immer verlieren

Aber ich sagte im selben Kommentar noch etwas: »Es sind nicht nur und nicht unbedingt die immer noch Glaubenden, immer noch Hoffenden, die in dieser verkehrten Welt den Mut haben, sich nicht mit ihr abzufinden. Es sind vielleicht gerade die Menschen, die nichts glauben, nichts hoffen, die es trotzdem (auch das ein ›trotz alledem‹) nicht lassen können, ihren Mitmenschen eine Hilfe zu sein, sich für sie einzusetzen, sogar, wenn sie das mit ihrem Leben bezahlen müssen. Sie können es nicht lassen. Der Theologe in mir fragt dann: Warum können sie das nicht? Oder, schon theologischer: *Woher* nehmen die den Mut, so zu handeln? Und ich könnte, noch theologischer, sagen: Der Geist weht, wo er will. Den Theologen in mir sollte ich aber lieber aus dem Spiel lassen. Und mich einfach freuen, dass es sie gibt: die ohne zu glauben das Richtige tun und die Welt, wie sie ist, menschlicher machen« (ebd.). Ich kenne solche Menschen. Ich nenne zwei. Die Erste ist Margit, meine Frau. Ihre »Weltanschauung« ist eher pessimistisch. Sie glaubt nicht, die Menschen könnten wesentlich besser werden, als sie sind. Große Worte – über eine Welt ohne Herrschaft oder ein Reich der Freiheit – sind ihr suspekt. Aber sie tut das Gute, ohne große Worte, einfach weil ihre Hilfe gefragt ist. Der Zweite, Du wirst dich wundern: Hermann L. Gremliza. Auch bei ihm habe ich nie nur eine Spur von Glaube oder Hoffnung feststellen können. Aber das hat ihn nicht davon abgehalten, unentwegt die verkehrten Zustände (eloquent) zu kriti-

Woher kommt der Mut zum Handeln?

Das Tun des Guten

sieren und auf seine Weise das Gute zu tun. Und auch was Du machst, würde ich sicherlich als Tun des Guten bezeichnen. Oder in meiner jüdisch gefärbten Sprache: als Tun der Tora.

Jüdisch. Denn das Judentum hat gewusst: Auch wenn der Gott-der-befreit sich aus der Welt zurückgezogen hat, wir haben die Tora, und die haben wir zu tun. Dass das Judentum das wusste, im Gegensatz zu einem Christentum, das meinte, Gott habe die Niederlage (des gekreuzigten Messias) ein für alle Mal in einen Sieg verwandelt (Christus ist auferstanden), hängt wohl damit zusammen, dass es die Abwesenheit seines Gottes immer wieder zu spüren bekommen hat.

Es ist geboten, das »Rechte« zu tun

Tora *tun*! Die Pointe dessen, was ich durchaus noch sagen kann, ist nicht, dass ich vor der Hoffnungslosigkeit kapituliere. Im Gegenteil, was ich sagen will (und ich frage mich, warum viele, die meine letzten Texte gelesen haben, das nicht begreifen. Ob Du zu diesen »vielen« gehörst, ist mir nicht klar), ist: Auch wenn wir den Glauben und die Hoffnung verloren haben, ist es uns immer noch geboten, Tora (das Rechte) zu tun. Ich sage bewusst: geboten. Dich ärgert, dass ich von »Gehorsam« und »Pflicht« spreche. Du liest es, als unterwürfe ich mich mit solchen Worten »einem mächtigeren Wesen« und wechselte meine Sprache von einer horizontalen in eine vertikale (oben-unten). Hier höre ich, sei mir nicht böse, die mir altbekannte Allergie des neuzeitlichen Menschen gegenüber allem, was seine Autonomie auch nur annähernd antasten könnte. Werden wir denn nicht von den Menschen, mit denen wir uns solidarisieren, in die Pflicht genommen? Heißt Gehorsam nicht, dass wir den Schrei der Unterdrückten, Ausgebeuteten, Verachteten *hören*? Erfordert solches nicht auch Disziplin, ja unter Umständen Verzicht? Und ist das nicht umso mehr der Fall, wenn wir erkennen, dass es kein höh'res Wesen gibt, das uns retten wird? Hier versagt meiner Meinung nach das Schema horizontal (gut) – vertikal (schlecht). Auch Solidarität hat eine »vertikale« Dimension: Der Hilfs-

Pflicht und Gehorsam 2: In die Pflicht genommen von den Unterdrückten

bedürftige, zu schwach, um sich wehren zu können, steht gewissermaßen über uns, wir haben uns seiner Not zu »unterwerfen«. Mag sein, dass die Schwachen im Grunde alle handlungsfähig sind und eine Kritische Psychologie dazu da ist, sie handlungsfähig zu machen. Aber vorläufig sind sie es nicht, und es ist an uns, ihnen eine Hilfe zu sein. Du schreibst, Du streitest täglich mit deinen Student_innen darum, dass sie das historisch-spezifische Gewordensein der Menschen in/unter kapitalistischen Verhältnissen nicht mit den universellen Möglichkeiten des Menschen verwechseln. Aber was machst Du, wenn sie aus diesem Jetzt-noch-nicht-aber-einmal-doch-Diskurs aussteigen? Ich würde ihnen sagen, dass das nie ein Grund sein darf, seiner verdammten Pflicht zur Solidarität und zum Anprangern der verkehrten Welt nicht mehr nachzukommen. Ich erinnere mich in diesem Zusammenhang an einen meiner Studenten. Es muss in den 1970er Jahren gewesen sein, als sich schon abzeichnete, dass die Friedensbewegung trotz Massendemonstrationen auf eine Niederlage zuging. Mein Student war engagiert, in vielen Protestbewegungen aktiv. Er war durch die Niederlage der Friedensbewegung (und nicht nur der Friedensbewegung) so niedergeschlagen, dass er mit seinem Studium aufhören wollte. Er war schon dabei, seine Diplomarbeit zu schreiben, und ich musste ihn natürlich irgendwie davon abhalten, sein Studium so mir nichts, dir nichts hinzuschmeißen. Was tun? Ihm mit einem »trotz alledem« zu kommen (was mir damals noch nicht schwerfiel) würde nicht funktionieren. Ich wies ihn hin auf Lenin, der nach dem großen Versagen der Sozialdemokratie 1914 nicht aufgab und in der Schweiz ins Exil ging, um in der Züricher Staatsbibliothek sein *Imperialismus als höchstes Stadium des Kapitalismus* zu schreiben. Das hat meinen Studenten überzeugt, und er hat seine Diplomarbeit zu Ende geschrieben.

Und wenn die Student_innen einfach aussteigen?

Lenin hilft 1

Ich komme zum Schluss und halte noch einmal inne. Meinen bisherigen Text ein zweites Mal lesend beschleicht mich das Gefühl, zu vollmundig, in der Sprache unserer kritischen Theorie zu undialektisch gewesen zu sein. Wieder könnte ich schreiben: Gut gebrüllt, Löwe! Bin ich mir denn wirklich so sicher, dass wir nichts mehr zu erhoffen haben? Verwechsle ich nicht mein subjektives »ich habe die Hoffnung verloren« mit dem, was objektiv der Fall ist? Hoffe ich denn gar nichts mehr? Zum Beispiel, dass die Bewegung der »letzten Generation« eine unvorhersehbare Umkehr bewirkt (im Buch Jona wird von einer solchen unvorhersehbaren Umkehr erzählt)? Wer bin ich denn, derartige absolute Aussagen zu treffen, als sei ein Ende der Geschichte mit Schrecken schon unvermeidlich geworden?

Letzte Generation: letzte Hoffnung?

Ja, ich bleibe dabei: Ich habe die Hoffnung verloren, und ich meine dafür gute Gründe zu haben. Ich habe auch beschlossen, diese Erkenntnis nicht mehr für mich zu behalten, sondern meine Genoss_innen damit zu belästigen – aber auch zu ermutigen: Man kann auch ohne Hoffnung leben, bei der Sache bleiben, nicht aufgeben, weiter kämpfen.

Klaus Weber, Anfang März 2023

»Wie du gewürfelt bist worden,
so bleib nicht liegen!
(eins der 11 Gebote)«
Peter Handke

Lieber Dick,

bevor ich Deinen letzten Brief beantworte (obwohl er keine Fragen enthält), möchte ich zu unserem Thema »Hoffnung(slosigkeit)« über Funde im bürgerlichen Feuilleton berichten, die mir einerseits keine Hoffnung auf eine gerechte und weiterbestehende Erde machen, andererseits mich jedoch so erzürnen, dass ich anfange darüber nachzudenken, ob Zorn nicht die Gefühlslage ist, die mich zum Handeln drängt. Aber dazu später.

Bürgerliches Feuilleton verbreitet Hoffnungs-ideologie

I *Glauben und Deuten*

»An seinem letzten Zweifel
bleibt der Glaube hängen«
Elazar Benyoëtz

»Endlich mal ein optimistischer Blick auf die Klimakrise«, lese ich als Unterüberschrift in der FAZ (vom 10. Januar 23) zu einem Buch, das »Wege aus der Klimakrise« aufzeigen soll. Geschrieben hat es der Chefredakteur des Wirtschaftsmagazins *Capital*, Horst von Buttlar. Üblicherweise – aber was ist schon üblich – denke ich, alle wüssten, dass »die Wirtschaft« das Klima, die Erde und damit die Menschen vernichtet. Von Buttlar dreht die Sachlage in eine ihm genehme Richtung: Für ihn ist die »Klimakrise« eine Möglichkeit, den Wirtschaftsstandort Deutschland mit »Vorgaben und Verboten« zu mehr Effizienz zu treiben. Das Wichtigste dabei (zumindest für die FAZ-Rezensentin): »Der Autor glaubt an die Kraft von Unternehmen und den Erfindergeist des Mittelstands. Aber [es] kommt auf jeden von uns an«, es

Der Klimakrise »effizient« begegnen

müsse nur »das Versprechen von Wohlstand und Freiheit [...] künftig anders gedeutet werden: [...] Es könne nicht immer um mehr Geld, mehr Jobs, mehr Autos, mehr Urlaub gehen«. Von Buttlar – der nichts gegen die 550 000 Hendl und die 75 000 Schweinshaxen, die 3 Millionen Kilowattstunden Strom und die 1100 Tonnen Abfall hat, die jährlich beim Münchner Oktoberfest »verbraten« oder erzeugt werden – stellt doch die enorm kluge Frage: »Muss das sein?« Eine Antwort darauf steht weder im Buch noch in der FAZ; denn neben dem stummen Zwang der täglichen Ausbeutungsmaschinerie sollen die ideologischen Spektakel (Fußball, Fasching, Oktoberfest etc.) durchaus dazu beitragen, dass die Einzelnen ihr materielles und soziales Elend nicht spüren oder gar das Gesamtsystem infrage stellen. Immer wieder wird der »Glaube« (an den technologischen Fortschritt, an das »grüne Jahrzehnt«, an »Unternehmerinnen, Tüftler und Gründerinnen«) beschworen, der Herrn von Buttlar dazu gebracht hat, dass ihm die »Bewältigung der Klimakrise« zur »Herzensangelegenheit« wurde: »Ja, es macht Hoffnung, wenn die BASF in Ludwigshafen ihre Emissionen bis 2030 um ein Viertel senken will«. Vor allem aber »macht das Buch Hoffnung: Wir können die Klimakrise bewältigen. Viele in diesem Land sind schon auf dem richtigen Weg«. Kein Wort davon, dass es dem Kapital einzig und allein um Profitmehrung geht und dass dafür Mensch und Natur so zerstört werden, wie diese es zulassen. Und wer genau liest, kann die idealistischen Phrasen erkennen: Nicht reale, materielle Veränderungen sind angesagt. Keine Rede davon, dass die politischen Entscheidungsträger die PS-Zahlen der Autos nach oben ebenso begrenzen wie das Tempo auf den Autobahnen; kein Wort darüber, dass Schneekanonen in den Alpen verboten werden und Meer, Berge und Landschaften nicht mehr als Hintergrundrauschen für individuelle Freiheit zerstört, sondern als Orte genossen werden: mit Achtung und Vorsicht. Und geschwiegen wird auch zur Emissionsreduktion durch die BASF:

Fortschrittsglaube und Spektakel

PS erhöhen, Tempolimit verbieten – für unsere »Freiheit«

Vorstandschef Brudermüller erklärte, mit der Umsetzung der Pläne habe BASF noch nicht begonnen; er warte noch auf Staatsknete, die nicht eingetroffen sei.

II *Erfindergeist und Technik*

Eine Woche vorher, am 3. Januar 23, schreibt ein Johannes Winterhagen (im Technikteil der FAZ) einen Aufsatz mit demselben Tenor – überschrieben mit »Geht doch« –, der nicht nur den Erfindergeist sowie den »technischen Fortschritt« lobt, sondern »individuellen Verzicht« als unsinnig darstellt: »Wenn man konstatiert, dass es nur Energie, Materie und das notwendige Wissen benötigt, um alles Erdenkliche zu erschaffen, sollten sich Wege finden, mit diesen Knappheiten kreativer umzugehen als laut ›Verzicht, Verzicht!‹ zu rufen«. Winterhagen – früher bei Springer tätig – schreibt für techniknahe Zeitschriften und erklärt den Menschen, dass sie überflüssig sind. Ich weiß nicht, wie dieser Mann zu seinem Essen kommt, in welchem Bett er schläft, welchen PKW er fährt etc.; aber dass er dies alles bewerkstelligen kann, ohne sich je einen Gedanken darüber zu machen, dass dafür Menschen in aller Welt ihre Arbeitskraft verkaufen müssen, um nicht zu darben oder gar zu sterben, zeigt, dass Marx recht hatte mit dem, was er über die entfremdenden Folgen der Arbeitsteilung schrieb. Das Erfolgsrezept für den technoiden Elfenbeinturmbewohner hat dann auch nichts mit Menschen und der Natur zu tun. Er glaubt an einen »Zustand, in dem wir Wohlstandszuwächse nicht mit stetig steigender Rohstoffgewinnung verbinden. Möglich ist das technisch auf drei Wegen: erstens durch Dematerialisierung, zweitens durch eine höhere Ressourcenproduktivität und drittens durch vollständig geschlossene Rohstoffkreisläufe«. Ich habe den Beitrag dreimal gelesen und danach gesucht, ob und wie über Menschen geredet wird. Da sind zum einen »die Menschen in Afrika«, über die der Autor weiß, dass sie ein »besseres Leben führen« wollen, sprich: dasselbe wie wir Europäer. Und

Kein Verzicht: besser für Mensch und Natur

Technoider Elfenbeinturmbewohner

Dematerialisierung und Ressourcenproduktivität: Plastikwörter der Klimakiller

am Anfang steht ein Satz, der Dich sicher aufhorchen lässt: »Eine Katastrophe, die Millionen Menschenleben kostete, führte so letztlich zu technischem und auch sozialem Fortschritt«. Die Erfindung des »Wagens ohne Pferde« und später des Fahrrads (durch Karl Drais) sowie des Düngers (durch Justus Liebig) hätten nur stattgefunden, weil im April 1815 der Vulkan Tambora auf Sumbawa ausgebrochen sei und dies zu europäischen Missernten infolge der geringen Sonneneinstrahlung geführt habe. Das Rad ersetzte nun die Pferde (die kein Futter mehr hatten), und der Dünger habe das Pflanzenwachstum beschleunigt und somit zum Teil die Sonne ersetzen können. Der Technikjournalist hat keine Probleme mit der Tatsache, dass der pferdelose Wagen bereits 1813 erfunden war, und ebenfalls nicht mit der Behauptung, sein Hungern als Heranwachsender (nach dem Vulkanausbruch als 12- und 13-Jähriger) hätte Liebig »vermutlich« dazu gebracht, den Kunstdünger zu erfinden. Vermutungen und Verdrehungen – was soll's: Hauptsache, die Story hat einen tollen Anfang. Dass mit Winterhagens Konstruktion gleichzeitig suggeriert wird, es brauche geradezu Menschenopfer, um technischen und sozialen Fortschritt zu generieren, zeigt, wie Wissenschaftsjournalismus, der die Auto- und Industrielobby vertritt, auf den Hund gekommen ist (nichts gegen Hunde!).

Menschenopfer für den Fortschritt

III *Das Kapital frisst seine Kinder (Friederike Gremliza)*

»So ist auch ihr Reichtum
ein Armutszeugnis«
Elazar Benyoëtz

Ich muss Dir nicht beweisen, dass die FAZ die Zeitung für den deutschen Manager (das kann immer noch männlich geschrieben werden) und die deutsche Bourgeoisie ist. Was ich mit dem Geschriebenen zeigen will, ist, wie die Kapitalseite und ihre Helfershelfer mit den Themen »Zukunft« und »Hoffnung« verfahren. Am selben Tag, an dem der eine Autor uns darauf einschwört, dass wir

Hoffnung 1: Für die Reichen reicht es immer

auf Verzicht getrost verzichten können, wird zwei Seiten weiter (im Autoteil) ein *Range Rover* vorgestellt, der trotz höherer notwendiger Investition (der beschriebene Testwagen kostet 173 000 Euro) »während jedes Einsteigens ein Lächeln auf die Lippen zaubern« kann, weil er »in eine andere Welt entführt«. Der FAZ-Autotester Holger Appel muss glück-, heim- und frauenlos sein; denn Autos wie das getestete ersetzen ihm all dies: Er nennt das 530-PS-Gefährt seine »Beziehung«, mit der er »meist auf Asphalt zu Hause« ist: »in behaglichen Sesseln, umgeben von fein aussehendem, fein duftendem, sich fein anfühlendem Material«. Genuss empfindet der Tester nicht an Landschaft oder gar Menschen; nein, der Motor lässt ihn dahinschmelzen: »Die rechte Hand fällt auf die Mittelkonsole, wo sich unter sanftem Druck auf den Startknopf der Maschinenraum zum Dienst meldet, ein Werk wundervoller Technik, herrlich laufruhig, wohlig brummelnd, herzhaft zupackend, ach, es ist ein Genuss«. Benzin-, Material und Rohstoffverbrauch spielen keine Rolle in diesem Jubelbeitrag für die individuelle Freiheit, welche das Autofahren für (vornehmlich?) Männer darstellt. Denn die Frage, ob so etwas sinnvoll und nötig ist, wird mit dem lapidaren Satz beantwortet: »Mit Neid ist zu rechnen«. In dem Beitrag der FAZ wird Reichtum (wozu ein PKW gehört, für den frau/man in manchen Gegenden Deutschlands problemlos ein Einfamilienhaus kaufen könnte) nicht nur ungeniert gefeiert, sondern als Lebensstil besonderer Art, als Distinktionsvorteil gegenüber denjenigen angeboten, die ihr Auto benötigen, um den Arbeitsplatz zu erreichen. Ein Auto ist für die Klasse der Welt- und Menschenzerstörer kein Fortbewegungsmittel, sondern ein engelgleiches Wesen, mit dem sie (anstatt mit Menschen) zusammenzuleben scheinen: »Auf seiner Luftfederung schwebt er über dem Asphalt, nur fiese Querfugen dringen zu den Gästen an Bord durch, die derweil die Champagnergläser aus dem Kühlschrank zwischen den Rücksitzen holen und sie in die mit elektrisch aufsurrenden Deckeln versehenen Cupholder stellen«. Zu dieser Eloge auf und für

Mit Neid ist zu rechnen

Mein Auto ist ein »engelgleiches Wesen«

die bourgeoise Dekadenz gesellt sich ein Kommentar des Wirtschaftsteils (vom 4. Januar 23), der sich damit beschäftigt, dass in den deutschen Großstädten (in Zeiten von Krise, Krieg und Coronatoten, die aber inzwischen »Hintergrundlast« heißen) an Silvester tausende Tonnen Müll auf den Straßen landeten: »Die Zeiten sind nicht zum Feiern [...] Trotzdem feiern viele Menschen wieder, wie der solide Absatz von Sekt und Perlweinen belegt. Und es wäre falsch, das Trinken und Glückwünschen und Tanzen zum Jahreswechsel als Ausdruck von Ignoranz abzutun. [...] Was sollte denn wichtiger sein in diesen Tagen, als den Kindern Zuversicht zu vermitteln? Nicht einzustimmen in das Untergangsgeheul, sondern zeigen, dass es Hoffnung gibt, ist das Gebot der Stunde. Es gibt viele Menschen, die mit Ideen und Enthusiasmus die anstehenden Probleme anpacken statt aufzugeben, Radikalen nachzulaufen oder in Selbstmitleid zu versinken«.

Hoffnung 2: Augen zu und feiern

Als Sohn eines Winzers hat Bernd Freytag guten Grund, die silvesterlichen Sauf- und Krachorgien als hoffnungsverheißende Aktivitäten für Kinder sowie als Vademekum für kapitalismuserhaltende Zuversicht anzupreisen; als FAZ-Schreiberling muss er zusätzlich all das ignorieren, was deutsches und internationales Kapital nicht hören wollen. Beides gelingt ihm mit außerordentlicher Ignoranz gegenüber der Wahrheit. Aber zum Schreiben der Wahrheit gehören nach Brecht der »Mut, die Wahrheit zu schreiben«, und die »Klugheit, die Wahrheit zu erkennen« (1967a, 222 & 224). An Klugheit, denke ich, gebricht es den FAZ-Schreiberlingen nicht; am Mut jedoch, die Wahrheit an sich heranzulassen und die Konsequenzen daraus zu ziehen, fehlt es ihnen allen. Es ist ja nicht so, als wenn dieselbe Zeitung, die diesen wahnwitzigen Optimismus verficht, nicht gleichzeitig und im selben Zeitraum Meldungen an die Öffentlichkeit bringt, die zeigen, wie rapide es mit dieser Erde zu Ende geht: Am 10. Januar 23 berichtet eine Petra Ahne von der Pestizidvergiftung der Flüsse und der an sie angrenzenden Wiesen, von der Zerstörung der Wälder durch »biodiversitätsfeindliche Mono-

Pestizidvergiftung, Waldsterben, Überschwemmungen

kulturen«, vom Aussterben vieler Fischarten und noch mehr Insekten. Am selben Tag heißt es im Wirtschaftsteil, Hurrikane und Überschwemmungen würden »hohe Schäden anrichten«, was an der Klimakatastrophe und der Erderwärmung (menschengemacht) liege. Doch interessieren die Schreiberin lediglich die negativen Folgen für die deutsche und internationale Wirtschaft (sprich: Kapital) sowie die *Munich Re* (eine Rückversicherung[7]). Trotz des Katastrophenszenarios wird vom Geophysiker Ernst Rauch, der das *Corporate Climate Center* der *Munich Re* leitet, deutlich gemacht: »Noch immer fehlt in Teilen der Gesellschaft einerseits die Sensibilität für Naturgefahren. Andererseits sind Demonstrationen gegen den Klimawandel, die jenseits der Gesetze stattfinden, überhaupt nicht hilfreich«. Weder die Täter noch die verantwortlichen Strukturen werden benannt – die Natur scheint es zu sein, die uns in Gefahr bringt. Doch weitaus gefährlicher sind diejenigen, die nicht bedingungslos Ja zur gesetzeskonformen Weltzerstörung sagen: die FFF-Jugendlichen, denen Petitionen und Wahlen nicht mehr ausreichen, um auf die reale Möglichkeit der Erdzerstörung hinzuweisen.

Gefährlich ist: die Natur

Wie gesagt, ich gehe nicht davon aus, dass es den Autor_innen und Wissenschaftler_innen an Klugheit fehlt. Vielleicht liege ich auch falsch, weil sie Täter und Opfer einer »produzierten Ignoranz und Entfremdung« sind, wie Thomas Metscher schreibt: »Die Unfähigkeit, die Wahrheit zu erkennen oder als anerkannte zu verste-

Ignoranzproduzenten und -produktion

7 Zwei Tage später wird ein Bericht des *World Economic Forum* (WEF) zitiert, laut dem »Klimawandel- und Umweltgefahren an der Spitze« der Bedrohungen stünden. »Der Klimawandel ist eine existenzielle Bedrohung für den Planeten, und das Fenster zur Erreichung des Netto-Null-Ziels schließt sich«, meint ein John Scott – ebenfalls ein Versicherungsangestellter (Zurich), der am WEF-Bericht seinen Anteil hatte. Die Überschrift der FAZ verrät, wie sehr das für die Erdzerstörung verantwortliche Profitwirtschaften entschuldigt wird: »Die Welt steuert auf eine Existenzkrise zu« entnennt die Tatsache, dass hinter dem Steuer die Täter_innen sitzen.

hen, war schon immer das größte Hemmnis ihrer Verbreitung. Das gilt auch dann, wenn wir wissen, dass diese Unfähigkeit eine gesellschaftlich gemacht Dummheit ist, eine Dummheit zumal, die den Interessen der Herrschenden dient« (2006, 356f.). Diese bezahlen ihre Büttel zur Finanzierung eines Lebens- und Arbeitsstils, der ermöglicht, keinen Einblick in die Welt von Arbeit und Dienstleistung der meisten Menschen zu bekommen. Er würde zeigen können, dass Mensch und Natur in Barbarei versinken, weil am Eigentum an den Produktionsmitteln mit Gewalt festgehalten wird.

IV *Zorn statt Hoffnung*

»Hoffnung sammeln / aus lösbaren Problemen
aus Möglichkeiten / aus allem / was etwas verspricht.
Die Kräfte / sparen / für das / was wirklich /
zu tun ist.
So wächst / im stillen / der Vorrat /
an unverbrauchter / Verzweiflung«
Erich Fried

Hoffnung 3: Dann lieber Zorn!

Lieber Dick, warum schreibe ich das alles; wieso seziere ich das bürgerliche Feuilleton und die Wissenschafts- wie Wirtschaftsseiten von Medien, von denen Du doch weißt, dass sie die Interessen der »anderen Seite« vertreten? Einmal, um Dir zu zeigen, dass Du recht hast mit Deiner »Hoffnungslosigkeit«, die mir menschlicher, liebenswürdiger und verantwortungsvoller scheint als die verzweifelten Kriegshetze-Versuche der deutschen Journaille (vor allem der FAZ; aber auch die *Süddeutsche Zeitung* lässt sich in diesen Tagen nicht lumpen mit Kriegsgeilheit und Hoffnung auf einen von Deutschland maßgeblich unterstützten Sieg der NATO/Ukraine/des »regelbasierten Westens« gegen den »barbarischen Putin« und sein kulturloses russisches Volk). Aber zum anderen, weil ich beim täglichen Lesen solcher Lumpenschreiberei Zorn verspüre. Zorn auf diese unverhohlene Affirmation des bestehenden Schlechten; Zorn auf die Unterdrückung der

Wahrheit und das Zurechtlügen menschenvernichtender und weltzerstörender Fakten. Natürlich weiß ich, dass Marx im Vorwort zur ersten Auflage des *Kapital* über diejenigen, die er erwähnt, nur insofern als Personen schreibt, als diese »die Personifikation ökonomischer Kategorien sind, Träger von bestimmten Klasseninteressen und -verhältnissen« (Marx [1867] 2017, 10). Also bin ich in der Lage, meinen Zorn auf die Freytags, die Appels sowie die Winterhagens und von Buttlars (und die meisten anderen Journalist_innen) als Zorn auf die Verhältnisse zu denken, die solche Gestalten hervorbringen. Wie elend muss ein Autorenleben sein, dass dieser all diejenigen, die die Sorge um die Weiterexistenz dieser Welt umtreibt, als »Radikale«, »Selbstmitleidige« oder gar »Untergangsheuler_innen« beschimpfen muss; wie lieblos und langweilig muss es im Leben des Autojournalisten sein, dass er Zärtlichkeit, Wohlgefühl und Erotik beim Fahren eines Autos spürt – und nicht beim Liebkosen eines Partners/einer Partnerin; und wie verschlossen gegenüber der Wirklichkeit/der Wahrheit muss ein Horst Wolfgang Michael Freiherr Treusch von Buttlar-Brandenfels (so der vollständige Name des *Capital*-Redakteurs) sein, wenn er die kapitalistische Produktionsweise, die verantwortlich ist für das Elend dieser Welt, als Hoffnungsträger einer besseren, einer »grünen Zukunft« unters Volk bringt.

Wer sein Auto »liebt«, lebt lieblos und langweilig

Ich erinnere, dass mich der Zorn auf das Unrecht oft mehr als irgendeine Hoffnung beflügelt hat, weiter an dem zu arbeiten, was ich gerechte Welt oder Kommunismus nenne. Gleichzeitig bin ich nicht sicher, ob Hoffnung überhaupt ein Konstrukt ist, das die Triebkraft für politisches und/oder gesellschaftliches Engagement sein kann. Anhand von Jan Rehmanns Beitrag im *Argument*-Heft zu Ernst Bloch überprüfe ich nun, ob und wie Bloch – der Hoffnungsphilosoph schlechthin – mit seinem Hoffnungskonzept mir etwas zu sagen hat. Jan schreibt über das »Spannungsfeld zwischen dem ›Inkognito‹ des gelebten Augenblicks und der Vorwegnahme des Noch-Nicht« (Rehmann 2018, 13), das Bedürfnisse und Affekte struktu-

Zorn 1: Er beflügelt mich

riere. Als »wichtigsten Erwartungsaffekt bestimmt Bloch schließlich die *Hoffnung*, durch die der leidende Charakter der negativen Erwartungsaffekte (v.a. der Angst) überwunden werden könne« (ebd.). Bei aller Kritik an Blochs Affektlogik sieht Jan »die Stärke [der Vorrangstellung der Hoffnung] gerade darin, dass sie in einem aktiv weltzugewandten Handlungsbegriff gründet« (ebd.). Auch wenn Bloch keinem »automatischen Fortschritts-Optimismus« (ebd., 22) das Wort redet, sondern durchaus sieht, dass das zielentleerte Postulat vom »Prinzip Hoffnung« als »neues Opium fürs Volk« (ebd.) missbraucht werden kann, so hält er doch an der sehr allgemeinen Parole fest: »[N]och ist nicht aller Tage Abend, noch hat jede Nacht einen Morgen. Auch die Niederlage des erwünscht Guten schließt seinen künftig möglichen Sieg so lange in sich ein, als in Geschichte und Welt nicht alle Möglichkeiten des Anderswerdens, Besserwerdens erschöpft sind« (Bloch 1959, 355).

Hoffnung 4: Sie kann Opium fürs Volk sein

»Was können wir hoffen?«, fragt Jan Rehmann am Ende seiner Bloch-Aktualisierung. Nach mehrmaligem Lesen muss ich feststellen – und Jan ist für mich einer der besten Denker und treuer Gedanken-Freund –, dass er diese Frage (trotz fünf kluger Thesen dazu) in Wahrheit nicht beantwortet. Er warnt mit Gramsci davor, bei der nüchternen Analyse eines lähmenden Weltzustands nicht dessen »Geschichtsbild und passivierende Weltanschauung zu übernehmen« (Rehmann 2018, 23), weist aber ebenso darauf hin, dass wir (als organische Intellektuelle) ein »antagonistisches Bedeutungsfeld [vorfinden], in dem die Hoffnung der einen der verzweifelten Hoffnungslosigkeit der anderen gegenübersteht« (ebd.).

Was aber sagt Bloch zum Zorn? Kommt er überhaupt vor in seinen Schriften? Falls ja: Sieht Bloch das treibende Moment des Zorns als Affekt zur Überwindung ungerechter Verhältnisse, wie ich ihn spüren konnte und kann? Wie so oft habe ich zuerst bei Freud in den Registern der Studienausgabe gesucht, ob sich der Eintrag »Zorn« dort findet. Immerhin bezieht sich Bloch weitgehend auf Freud bei der Darlegung seiner Affektenlehre. Doch bei Freud findet sich nichts über den Zorn. Und Bloch ordnet ihn bei den Abwehraffekten neben Angst, Neid, Verachtung und Hass ein. Er sei »allmählich ansteigend« (1959, 81) und im Gegensatz zum Hass »rasch verschwindend« (ebd.). Nichts davon trifft auf den Zorn zu, den ich kenne: kein Abwehraffekt, sondern ein Folge- und »Angriffs«affekt – als Reaktion auf die unerträglichen Verhältnisse und die Ohnmacht, nichts gegen die Unerträglichkeit tun zu können; kein rasches Verschwinden, sondern ein lang anhaltendes Gefühl zeichnet den Zorn aus, der mich schließlich handeln lässt. Zorn und Befreiungsdenken und -handeln: bei Bloch eine Leerstelle. Selbst Brecht (über den Bloch seitenweise schreibt) räumt dem Zorn neben Empörung und Hass in seinem Gedicht *An die Nachgeborenen* einen Platz ein: »Unter die Menschen kam ich zu der Zeit des Aufruhrs / Und ich empörte mich mit ihnen. / So verging meine Zeit / Die auf Erden mir gegeben war ... / Auch der Hass gegen die Niedrigkeit / Verzerrt die Züge. / Auch der Zorn über das Unrecht / Macht die Stimme heiser« (1967b, 724f.).

Zorn 2: Ein Abwehraffekt?

Zorn 3: »Der Zorn über das Unrecht macht die Stimme heiser« (Brecht)

Gegen Blochs realutopisches Denken wendet sich Günther Anders, der streitlustige Philosoph: »Und Hoffnung? Da kann ich nur antworten: Kenne ich prinzipiell nicht. Denn mein Prinzip ist: Wenn auch nur die winzigste Chance besteht, in dieser entsetzlichen Situation, in die wir uns gebracht haben, helfend eingreifen zu können, dann soll man es tun« (1987, 53). Meint Anders damit – wie Du – das »Tun der Tora«?

V *Ziellos Tora tun?*

Was Anders im Interview – mit den Orten Auschwitz und Nagasaki verknüpft – sagt, erinnert mich an die Stelle in Deinem letzten Brief, an der Du schreibst: »Auschwitz ist übrigens in diesem ›Nach‹ auch ein Datum, hinter das wir nicht mehr zurückkönnen, weil es unwiderruflich klargemacht hat, dass Menschen fähig sind, ein Projekt totaler Ausrottung zu planen und auszuführen.«

Kein Zurück hinter »Auschwitz«

Ich bleibe »uneinsichtig«

Dreimal habe ich ihn nun gelesen, Deinen Brief. Wenn ich in vielem mit Dir übereinstimme, so bleibe ich doch an manchen Punkten »uneinsichtig«. Du meinst, dass ich eventuell von der »neuzeitlichen Allergie« befallen sein könnte, meine Autonomie gefährdet zu sehen, wenn es darum geht, dass ich mich unterstellen oder gar unterwerfen müsste. Als Gegenüber dieser »Unterstellung« nennst Du das abstrakte Subjekt der »Unterdrückten«, von dem wir »in die Pflicht genommen« seien und für das wir »Disziplin« wie »Verzicht« üben müssten. Ich bleibe dabei: Auch wenn es nicht darum geht, sich einem »höheren Wesen« zu unterwerfen, so sehe ich doch nicht, wieso das Solidarischsein mit den Unterdrückten und Ausgebeuteten vertikal (also von oben nach unten) zu denken sei. Deine Konstruktion hat mehrere Fallstricke, die politisch – und ich bin politisch in der *LINKEN* und für diese *LINKE* in der Behindertenarbeit aktiv – verhängnisvoll sein können.

Es braucht kein Unten und Oben, von gleich zu gleich ist möglich

Zum einen: Du malst Dir einen »Hilfsbedürftigen« aus, der »gewissermaßen über uns steht«, weil wir uns seiner Not zu unterwerfen hätten. Ich kann Dir nur entgegenhalten: Diejenigen Menschen mit Behinderung, die mich und uns in der politischen Arbeit unterstützen, sind alle »hilfsbedürftig«; doch keinesfalls heißt das, dass wir (bei allen Unterschieden in den Handlungsmöglichkeiten) in ein Oben-Unten-Verhältnis eingespannt sind. So wie ich seit Jahren etwas lerne über die Schikanen und das Unrecht, dem sie ausgesetzt sind, so lernen sie mit mir und über meine Arbeit, dass die gegenseitige Hilfe und Unterstützung »Erfolge« bringt: hier ein gewonnener Sozialgerichtsprozess (für den ich die Klage schreibe, weil ein Mensch mit Spastik sie nicht so einfach schreiben kann), dort eine Verbesserung der Assistenzlöhne für die Angestellten in der Behindertenarbeit (weil ich politisch einen Antrag formuliere, der darauf basiert, was mir die Betroffenen über ihre Lebensverhältnisse erzählen). Weder sind die »Schwachen« handlungsunfähig, und schon gar nicht sind sie schwach. Und ich bin nicht der

»Guru«, der für andere handelt, sondern der »Genosse«, der mit den Betroffenen Taktiken und Strategien plant, um für ihr Leben Verbesserungen zu erreichen. Die Rede von den »Schwachen« ist die Übernahme der herrschenden Erzählung, wenn von Menschen in ökonomisch prekären Verhältnissen als »sozial Schwachen« geredet wird. Was Du zudem vergisst, ist, dass die »Schwachen« nicht immer die Guten sind, sondern ekelhaft und faschistoid ebenso sein können wie großherzig und mild; und dasselbe gilt für uns »starke« und »kämpferische« Menschen. Wir sind ebenso von den Widersprüchen des Systems durchzogen und schaffen es oft nicht, uns selbst aus den Fäden zu befreien, in die wir eingewoben sind.

Ob die »Schwachen« die Guten sind?

Zum Zweiten: Du sprichst von einer »Pflicht zur Solidarität«, die ich den Student_innen entgegenhalten soll – damit sie sich solidarisch engagieren. Pflicht, Gehorsam und Unterstellung unter eine höhere Idee (es muss ja nicht ein Wesen sein) sind aber Haltungen, die beim Einzelnen genau das Gegenteil dessen bewirken werden, was wir wollen: das selbstbestimmte und durchdachte Handeln aus »guten Gründen« in Bezug auf ein Ziel, das sich nicht in Hilfe und Solidarität erschöpfen kann. Von Verpflichtungen in Bezug auf höhere Werte haben die Student_innen die Schnauze voll; in der Regel ist es diese Anrufungsform (Du musst, weil … / Halt die Regel ein, sonst … / Es ist deine Pflicht zu …, sonst …), die sie aus Familie und Schule kennen und deshalb ablehnen. Deine kluge Verpflichtungslogik funktioniert erst, wenn diese Formen »aufgehoben« sind und die Einzelnen verstehen können, dass Disziplin, Verpflichtung nur subjektiv sinnvoll sein können, wenn eine begründete Aufgabe mit einem Ziel im Hintergrund »wirkt«; dann könnten sie in herrschaftskritische »Antitugenden« gewendet werden.

Pflicht und Gehorsam 3: Sie erzeugen Ohnmacht

Zum Dritten: Du nennst Margit, Deine Frau, und Hermann L. Gremliza als Beispiele für Menschen, die das Gute tun. Doch Du vergisst, dass beide »das Tun der Tora« als unerlässlich betrachten, weil damit nicht einfach »helfen« verbunden ist, sondern die Idee, dass diese

Helfen geht nicht ohne Ziel

Hilfe ein – wenn auch noch so kleiner – Baustein für eine bessere Welt ist. Du nennst das »die Welt menschlicher machen«, und ich finde das wunderbar richtig formuliert. Von Frigga Haug gibt es irgendwo den Ausdruck »die Welt bewohnbar« machen. Beides sind utopische Ziele, die in das helfende und politische Handeln eingehen. Also: Ist hier nicht doch etwas davon zu spüren, was in Blochs Hoffnungskonzeption anklingt? Ein Vorschein einer besseren Welt, der ins Heute hineinleuchtet? Wenn es in Deinem letzten Satz heißt, man könne auch »ohne Hoffnung leben, bei der Sache bleiben, nicht aufgeben, weiter kämpfen«, so bleibt die Frage nach dem Zweck dieser Handlungen offen. Ich glaube, dass Du hoffnungslos weiter an dieses Ziel denkst, auch wenn Du nicht mehr daran glauben magst.

VI *Alter und Eurozentrismus*

Hoffnungslosigkeit – eine Alterserscheinung

»Bin ich mir wirklich so sicher, dass wir nichts mehr zu erhoffen haben? Verwechsle ich nicht mein subjektives ›ich habe die Hoffnung verloren‹ mit dem, was objektiv der Fall ist?«, heißt es zum Schluss Deines Briefs. Das schätze ich so sehr an Dir, mein Freund, dass und wie Du Dich und die Sache infrage stellst. Du bist alt und Du lebst mitten in Europa. Mich unterscheidet wenig von Dir außer den zwei Jahrzehnten, die ich jünger bin. Deine Frage würde ich gerne weiterspinnen: Kann es nicht sein, dass wir beide einen eurozentristischen Standpunkt einnehmen und darüber hinwegsehen, wie sich Menschen in Afrika, in Asien und in Südamerika sammeln, um die zerstörenden Ausbeutungsstrukturen zu sabotieren, die sie und ihre Kinder am eigenen Leib – durch Erniedrigung, Hunger, Folter – sehr viel drastischer spüren als wir; wie sie sich organisieren, um dem von den reichen Ländern verursachten Elend zu widerstehen und die Ausbeuter_innen versuchen in die Knie zu zwingen? Kann es nicht sein, dass wir – Du hast zwanzig Jahre länger daran geglaubt – mit den wenigen Lebensjahren, die uns verbleiben, die Einsicht gewinnen mussten, dass der »Verein freier Menschen« (Marx) in unserer Lebensspanne nicht mehr machbar ist? Dass wir also die Hoffnung aus unserem Leben werfen, weil das Ziel in eine solche Ferne gerückt ist, dass es in je unseren Leben unerreichbar geworden ist? Kann es sein, dass das der Grund ist, warum wir zufrieden sind, kleine Brötchen zu backen, weil die Eroberung der Bäckerei ein unmögliches Ziel geworden ist – auf Jahrzehnte hinaus?

VII *Faust und Halleluja*

»Show me the place
Help me roll the stone
Show me the place
I can't move this thing alone«
Leonard Cohen (Old Ideas, 2012)

Faust ballen und Halleluja singen

Im Januar war ich im Film *Halleluja* mit und über Leonard Cohen. Am Schluss wird ein älteres Interview mit dem jüdischen Bänkelsänger mit der erotischen Stimme eingeblendet, in dem er gefragt wird, wie er es in dieser ungerechten Welt aushalte. Cohen antwortet (sinngemäß): »Ich finde es oft schrecklich in dieser undurchschaubaren Welt. Manchmal möchte ich die Faust ballen und manchmal Halleluja singen. Ich denke, dass beides nötig ist.« Lieber Dick, ich weiß nicht warum: Mir hat sowohl der Film als auch dieses Schluss-Statement »Hoffnung« gemacht – zu einer Zeit, in der ich mit Dir völlig einer Meinung bin, dass Hoffnung kein sinnvolles »Projekt« ist; anders gesagt: dass es kein Projekt gibt, das mit Hoffnung auf eine bessere, gerechte Welt verbunden werden kann. Ich werde »Tora tun« – auf meine Art und Weise. Und: Weil ich glücklicherweise kein Talent zur Depression habe, werde ich weiter mit Humor und Begeisterung meine und unsere Niederlagen vorbereiten helfen ...

Dick Boer, Ende März 2023

Lieber Klaus,

als ich anfing mir Gedanken zu machen, worüber ich Dir schreiben sollte, traf mich der Hauptartikel in meiner Tageszeitung über den Synthese-Bericht des IPCC, das Klimabüro der UNO: Der Klimawandel ist dabei, in eine unumkehrbare Katastrophe auszuarten. Obwohl der Bericht noch eine letzte Warnung sein will – wenn wir nicht, dann –, konnte mich das nicht trösten. Mir wurde klar, was mir eigentlich schon lange klar war: Wir werden nicht mit der gebotenen Radikalität noch einen letzten Versuch machen, die Katastrophe zu verhindern oder zumindest so weit »abzumildern«, dass die Welt für die Menschheit noch einigermaßen lebbar bleibt. Und mich packte plötzlich eine gewaltige Mutlosigkeit. Nicht, dass mir der Zorn fehlte über das, was wir aus der Welt gemacht haben. Und ich meine mit »wir« natürlich den Kapitalismus, aber doch einen Kapitalismus, den »wir« nicht haben verhindern können. Gerade in seinem Zentrum bestätigen wir in freien Wahlen die vom Kapitalismus beherrschte Ordnung. Und ich hoffe, dass Du, der glücklicherweise kein Talent für Depression hat, diese Mutlosigkeit verstehen, auch wenn Du sie nicht teilen kannst. Gewiss, der Zorn kann zum Handeln drängen. Auch wenn man die Hoffnung verloren hat, bleibt der Zorn. Und der Zorn ist das Motiv, um die Verkehrtheit der Welt zumindest zu begreifen und begründet anzuprangern. Er kann eine erkenntnisleitende Leidenschaft sein. Wie bei Marx, dessen Zorn über die unerträglichen »deutschen Zustände« zu seiner Kritik der politischen Ökonomie führte, einer Kritik, die ohne Hoffnung, aber auch ohne Zorn erkennen hilft, welche Logik die Gesellschaft bewegt und wie sie anders, besser, humaner gedacht werden kann; auch wenn der marxsche Satz »Die Philosophen haben die Welt nur verschieden *interpretiert*, es kommt darauf an, sie zu *verändern*« inzwischen ein »akademischer« (Wolfgang F.

Die gebotene Radikalität

Zorn 4: Er kann zum Handeln drängen

Haug) geworden ist. Die Erkenntnis, die ich gewann, war aber: Auch der Zorn genügt nicht als Motiv zum Handeln; oder in meiner biblischen Sprache: Tora zu tun. Er *kann* es sein, muss es aber nicht. Der Zorn kann einen Marx hervorbringen, aber ebenso schlecht einen Terroristen, der seinen ohnmächtigen Zorn nicht länger erträgt und selber zur Katastrophe wird – was wohl das glatte Gegenteil von Tora tun ist.

Zorn 5: Er kann einen Marx, aber auch einen Terroristen hervorbringen

Meine Frage wurde deshalb: Wenn auch der Zorn – als ohnmächtiger – kein ausreichender Grund ist, Tora zu tun, ja sogar ins Gegenteil umschlagen kann, müssen wir dann nicht konkludieren: Tora tun ist einfach (das Einfache, das schwer zu machen ist!) geboten? Und so kam ich auf den Begriff *Pflicht*. Und gerade dieser Begriff hat dich verstört! Denn dir zufolge denke ich »das Solidarischsein mit den Unterdrückten und Ausgebeuteten vertikal, von oben nach unten«. Wobei die Rede von »Unterdrückten« auch noch »abstrakt« sei. Was soll ich dazu sagen? Ich beginne damit, dass ich das, was ich sagen wollte, besser sage, als ich es in meinem vorigen Brief getan habe.

So die Begrifflichkeit »oben/unten«. Sie haut, wenn auch grob, hin, wenn sie besagt: Ich (Dick) befinde mich, was meinen gesellschaftlichen Status betrifft, oben, während es Massen von Menschen gibt, die sich befinden, wo ich mich nicht befinde, nämlich unten. Und ich da oben sollte mich sehr hüten, über das Befinden der Menschen da unten die Schnauze allzu voll zu nehmen. Was weiß ich schon? Ich wurde mal von einem Freund belehrt, als ich zu wissen meinte, dass die »Verdammten dieser Erde« ihren Alltag als das reinste Elend erleben müssten. Er fragte mich: Bist du dir so sicher, dass sie sich nur als von Gott und allen guten Geistern verlassen fühlen, dass sie nicht auch lachen, lieben und sich ihres Lebens freuen können? Ich kann sie bemitleiden, ja, aber mein Mitleid könnte gründlich daneben sein.

Oben/Unten: Wer ist wo?

Deshalb hast Du völlig recht, wenn Du schreibst, dass die Solidarität mit den Menschen, die nach den Maßstäben der herrschenden Ordnung nicht so gelungen, nicht so »fit« sind, sich nicht in ein Oben-Unten-Verhältnis einspannen lässt. Die angeblich »Schwachen« können sehr stark sein, können selber Subjekt einer Solidarität mit uns sein. Ihre Hilfsbedürftigkeit ist nicht total, wie auch die angeblich ›Starken‹ sich irren, wenn sie meinen, keine Hilfe zu brauchen (hatte auch Cäsar nicht wenigstens einen Koch bei sich!). Solidarität ist horizontal, beruht auf Gegenseitigkeit: Hab lieb deinen Nächsten, sie ist wie du (was so zu ergänzen ist: wie du auf Solidarität angewiesen).

Solidarität ist horizontal

Die Begriffe »oben« und »unten« beziehen sich, wie gesagt, auf eine Gesellschaft, wo manche oben, die meisten aber unten sind. Deshalb sollen nicht die Begriffe, sondern soll die Realität umgekehrt werden, auf die sie sich beziehen. Oder besser: in eine Gesellschaft ohne Oben und Unten verändert werden. Um zu vermeiden, dass doch wieder gedacht wird, es werde eine neue Hierarchie eingeführt: Jetzt sind die Unterdrückten und Ausgebeuteten (ich komme um diese Abstraktionen leider nicht herum) das »Oben«, dem wir uns zu unterwerfen haben. Oder sollte ich nicht besser sagen: Die Unterdrückten und Ausgebeuteten haben »Vorrang«. Es geht vor allem um ihre Befreiung oder, wenn dir das zu passiv ist, darum, dass sie sich befreien: Die Letzten werden die Ersten sein, damit es keine Letzten mehr gibt.

Die Realität, nicht die Begriffe umkehren

Doch ist für mich das letzte Wort über die im Prinzip allen Menschen inhärente Handlungsfähigkeit nicht gesprochen. Im Artikel »Handlungsfähigkeit 2 (Kritische Psychologie)« des *Historisch-kritischen Wörterbuchs des Marxismus* wird gegen den Freudomarxismus eingebracht, dass sich mit ihm zwar »die Unterdrückung individueller Lebens- und Glücksansprüche denken« lässt, aber nicht »die Aufhebung dieser Unterdrückung in gesellschaftlichem Maßstab« (Markard 2001, 1179). Im Klartext heißt das: Die Handlungsfähigkeit ist unzerstörbar. Das kann ich als Glaubens- und Hoffnungssatz akzeptieren, als empirisch begründbar aber nicht. Zu oft war ich selber zu deprimiert, um handlungsfähig zu sein, als dass ich das

Handlungsfähigkeit 1: Kann jede_r handeln?

ohne weiteres gelten lassen könnte. Zwar bin ich (bisher) meine Deprimiertheiten immer wieder losgeworden, aber eine Garantie, dass das auch in Zukunft so sein wird, gibt es nicht. Die Frage von Rinse Reeling Brouwer, Verfasser des Artikels »Handlungsfähigkeit 1« [über die *potentia agendi* in der Philosophie Spinozas und ihre Rezeption im Marxismus], ist auch meine Frage: »[W]as macht man mit den nicht-kognitiven oder ›irrationalen‹ Aspekten des Lebens bei anderen Leuten und bei sich selbst?« (Reeling Brouwer 2001, 1173). Und insbesondere gilt das für seine Schlussfrage: »Und sind die Momente der Passivität, der Niedergeschlagenheit, in denen man einfach ›down‹ ist und die Sprache der Revolution nicht mehr hören, nicht mehr glauben kann, nur Momente, die man vergessen soll, weil sie nur ›inadäquate‹ Erkenntnisse produzieren?« (Ebd.)

Handlungsfähigkeit 2: Wenn die Sprache der Revolution nicht mehr gehört wird

Ich denke, auch Deine Mitteilung, »glücklicherweise kein Talent zur Depression« zu haben, könnte dann als Schlag ins Gesicht empfunden werden. Also: Nicht nur der Zorn, der durchaus deprimieren kann, genügt nicht, um Tora zu tun, sondern, wenn es darauf ankommt, genauso wenig alle anderen Vertröstungen, die angeboten werden. So kam ich auf den Begriff Pflicht und darüber auf Kant, weil ich mich von meiner früheren Kant-Lektüre zu erinnern meinte, dass er diesen Begriff von falschen Konnotationen gereinigt hatte.

Aber bevor ich fortfahre, erst noch eine kleine Anmerkung zu Deinem »die Rede von den ›Schwachen‹ ist die Übernahme der herrschenden Erzählung«. Kann nicht auch die Rede von der Handlungsfähigkeit von der herrschenden Erzählung übernommen werden? Die herrschende Ordnung ist gerade darin genial, dass sie faktisch alle Gegenbegriffe unschädlich macht, indem sie sie übernimmt.

Die herrschende Ordnung übernimmt »unsere« Begriffe

Jetzt aber zu Kant. Um zu begreifen, wie er auf den Begriff Pflicht kommt, muss ich erst seine Philosophie kontextualisieren. Es ist die Aufklärung, der Exodus des Menschen »aus seiner selbstverschuldeten Unmündigkeit« (Kant IX, 1971a, 53), der Anfang einer *Neu*zeit im wahrsten Sinne. Der politische Ausdruck dieses Exodus war für Kant die Französische Revolution. Sie zeigte, dass die Menschheit in der Tat fähig war, »zum Besseren fortzuschreiten«. Und Kant meinte auch, dass diese »Begebenheit« »nicht mehr gänzlich rückgängig« gemacht werden konnte, »denn ein solches Phänomen vergisst sich nicht mehr« (Kant 1971b, 371). Zugleich aber war er nicht optimistisch, was die empirischen Menschen angeht: »aus so krummem Holz, als woraus der Mensch gemacht ist, kann nichts Gerades gezimmert werden« (Kant 1971c, 41). Diese allgemeine Behauptung über »den« Menschen gilt es zu konkretisieren, in meinen Worten: Kant war konfrontiert mit dem Widerspruch zwischen dem empirischen Subjekt der Revolution, dem selbstsüchtigen *bourgeois*, und dem für das Gelingen der Revolution erforderlichen Subjekt, dem auf das allgemeine Wohl bedachten *citoyen*. Er konnte die Revolution, das heißt: das Projekt einer Gesellschaft von freien, gleichen und solidarischen Menschen, nur retten, indem er einen Ort außerhalb der Empirie konstruierte, in dem das citoyenale Subjekt denkbar war. Dieser Ort war die praktische Vernunft, in der Freiheit und das Gute tun zusammengingen und »das Gute tun« unbedingt geboten war und nicht davon abhängt, ob es uns persönlich nützt oder angenehm ist; wir uns aber diesem Gebot auch nicht entziehen können mit dem Argument, dass wir nun mal, um mit dem Heidelberger Katechismus zu sprechen, »von Natur aus geneigt sind, Gott und meinen Nächsten zu hassen«; in Kants Worten: dass wir krummes Holz sind, aus dem sich nichts Gerades zimmern lässt.

Der Mensch ist aus krummem Holz gemacht

Diese Konstruktion eines Außerhalb, welches das Projekt der Erlösung des Menschen aus der Unfreiheit retten soll, ist der beim Entstehen der Religion sehr ähnlich: die Konstruktion eines höheren Wesens, das tut, wozu wir Menschen nicht in der Lage sind: uns aus dem Elend zu erlösen. Nur dass Kant diesen Ort außerhalb, diesen utopischen Ort könnte man auch sagen, als den Ort unserer

Freiheit denkt; ohne ein höheres Wesen, dem wir uns zu unterwerfen haben: Es rettet uns kein höh'res Wesen, uns aus dem Elend zu erlösen, können wir nur selber tun! Zugleich aber muss er klarmachen, dass diese Freiheit keine Gesetzlosigkeit ist oder die Freiheit, so frei zu sein, dem Gesetz des Kapitalismus zu folgen oder dem Gesetz seiner toxischen Männlichkeit. Das sind gerade »Freiheiten«, die uns daran hindern, wirklich frei zu sein: frei, uns nicht dem Kapitalismus zu ergeben und nicht ungehemmt unsere sogenannte Männlichkeit auszuagieren. Deshalb ist die Sprache, in der Kant uns diese Freiheit vorhält, so streng: Gesetz, Pflicht. Diese Strenge richtet sich aber nicht gegen die Autonomie, sondern definiert sie human. Denn welches sind die Regeln (die Maximen, wie Kant es nennt), ohne die Autonomie nicht gedacht werden kann? Es ist eigentlich nur eine: der kategorische Imperativ, so zu handeln, als sollte die Maxime deiner Handlung durch deinen Willen zum ALLGEMEINEN NATURGESETZE [in Kapitalen!] werden. Das klingt noch formal, obwohl man schon hört, dass eine Moral, die auf dem Gesetz der Gewährleistung des Privateigentums basiert, nie kategorischer Imperativ sein darf. Aber der kategorische Imperativ hat auch einen Inhalt: den Menschen, der als »Zweck an sich selbst« existiert. Und deshalb lautet der kategorische Imperativ: »Handle so, dass du die Menschheit sowohl in deiner Person, als in der Person eines jeden andern jederzeit zugleich als Zweck, niemals als Mittel brauchest« (Kant 1983a, 61). Marx hat in seinen Worten dasselbe gesagt, als er schrieb: »Die Kritik der Religion endet mit der Lehre, dass der Mensch das höchste Wesen für den Menschen sei, also mit dem kategorischen Imperativ, alle Verhältnisse umzuwerfen, in denen der Mensch ...« (Marx [1844] 1983, 385). Du weißt ja selber, wie es weitergeht. Auch Marx kommt nicht ohne Imperativ aus; auch das *Kommunistische Manifest* endet mit einem Imperativ: Proletarier aller Länder, vereinigt euch! Wie bei Kant setzt auch dieser Imperativ ein Subjekt voraus, das so frei ist, diesen Imperativ zu befol-

Freiheit, dem Gesetz des Kapitalismus zu folgen oder dem Gesetz seiner toxischen Männlichkeit

Kategorischer Imperativ: Der Mensch als Selbstzweck

Kant und Marx

gen. Der große Unterschied zu Kant ist, dass Marx dieses Subjekt innerhalb der Empirie gefunden hat: das Proletariat, das nichts zu verlieren hat als seine Ketten. Kant war von Marx aus gesehen ein utopischer Sozialist, der in einer bourgeoisen Welt den *citoyen* nicht finden konnte. Inzwischen müssen wir erkennen: Der Sozialismus ist wieder utopisch geworden, für ihn gibt es in der heutigen Welt keinen Ort mehr. Wir sind wieder bei Kant gelandet, bei der Vernunft als dem einzig denkbaren Grund, eine humane Freiheit noch denken zu können.

Du darfst dich nicht hängen lassen!

Es war alles umsonst

Gut, das wird dir alles bekannt sein. Ich brauchte aber diesen »Umweg« über Kant – und Marx –, um klarzumachen, warum Pflicht und Autonomie einander nicht widersprechen und auch nicht unbedingt »vertikal« gedacht werden müssen. Dass man deinen Studenten nicht mit Pflicht kommen muss, geschenkt. Ich habe schon lange keinen Kontakt mit Studenten mehr. Aber ich habe nicht nur einmal mit Studenten zu tun gehabt, denen die, wie sie meinten, aussichtslose Lage zu schaffen machte (in meinem vorigen Brief schrieb ich über einen). Denen kann mit Strenge geholfen sein, denke ich, mit einem »Du darfst dich *nicht* hängen lassen«, dich als handlungsfähiges Subjekt nicht aufgeben. Bedenke, dass ich für die Leute schreibe, die die Hoffnung verloren haben. Ihnen gebe ich zu bedenken: Auch wenn jede Perspektive dir abhandengekommen ist, du hast die Tora (den kategorische Imperativ), und die sollst du tun. Für sie schrieb ich auch mein Buch über Hiob, der erfahren muss, ohne den Gott-der-Befreiung leben zu müssen. Und ich schrieb gleich im ersten Satz: Das Buch Hiob kann nur verstehen, wer selber die Erfahrung gemacht hat: Es war alles umsonst. Wer diese Erfahrung (noch!) nicht gemacht hat, für die ist das Buch (noch!) nicht geschrieben.

Übrigens hast Du mich missverstanden, als hätte ich Margit und Hermann L. Gremliza, ohne es zu wollen, aufgeführt als Beispiele von Menschen, die »die Welt menschlicher machen«. Du liest »machen« im Sinne eines Projekts, eines utopischen Ziels, das sie sich bewusst gesetzt hätten. Aber wie ich schon schrieb: Margit will von einem solchen utopischen Ziel nichts wissen, und auch Gremliza hat bei mir nie den Eindruck erweckt, mehr als ein rücksichtsloser Kritiker sein zu wollen. Für mich machen sie die Welt menschlicher, einfach weil sie da sind, so wie sie sind.

Die Kant-Lektüre hat mir auch geholfen, das Verhältnis zwischen meiner biblisch-theologisch gefärbten Sprache und den Genossen, denen diese Sprache weitgehend fremd ist, besser zu begreifen. Denn das Denken Kants bewegt sich auf der Grenze von zwei Welten: eine, in der Kirche und Theologie noch dominierten, und eine, in der das Denken sich von Kirche und Theologie emanzipierte. Nicht zufällig stellt Kant in »Was ist Aufklärung?« den Wahlspruch der Aufklärung: Habe den »Mut, dich deines *eigenen* Verstandes zu bedienen« (1971, 53), (neben dem Offizier und dem Finanzrat) dem Geistlichen gegenüber, der sagt: »Räsoniert nicht, sondern glaubt!« Er kannte die Bibel noch, er war noch vertraut mit der christlichen Theologie, die sich auf die Bibel berief, aber für ihn war diese Sprache unbrauchbar geworden. Was die Kirche den Menschen beigebracht hatte, war tatsächlich: nicht nachdenken, *sondern* glauben. Und glauben bedeutete: Unterwerfung. Heteronomie war per definitionem das Gegenstück des Freiheitsprojekts, das für Kant mit der Französischen Revolution unumkehrbar angebrochen war. Kant musste also eine neue Sprache finden, um dieses Freiheitsprojekt auf den richtigen Begriff zu bringen.

Vernunft versus Religion

Kant übersetzt in eine neue Sprache

Was er auf den Begriff brachte, war aber nicht ohne weiteres die Abschaffung der Religion. Nachdem er in der *Kritik der praktischen Vernunft* alles gesagt zu haben schien, was dazu zu sagen war, schrieb er auch noch *Die Religion innerhalb der Grenzen der bloßen Vernunft*. Warum? Zuerst, weil er die Religion, die ja nicht von heute auf morgen verschwinden würde, zur Ordnung der Vernunft rufen wollte. Der erste Satz in der *Religion innerhalb* lautet: »Die Moral, sofern sie auf dem Begriffe des Menschen als eines freien, ebendarum aber auch sich selbst durch seine Vernunft an unbedingte Gesetze bindenden Wesens gegründet ist, bedarf weder der Idee eines andern Wesens über ihm, um seine Pflicht zu erkennen, noch einer andern Triebfeder als des Gesetzes selbst, um sie zu beobachten« (Kant 1983b, 649). Nachdem so die Überflüssigkeit der Religion festgestellt ist, wird die Religion nicht einfach aus dem Reich der Vernunft exkommuniziert, sondern ihr wird konzediert, durchaus mit der Vernunft kompatibel zu sein. Jetzt können auch praktisch alle christlichen Dogmen von Kant in seiner neuen Sprache »aufgehoben« werden. Nur eins darf die Religion nicht: den Menschen aus der Pflicht, das Gesetz zu tun, entlassen. Was darüber hinausgeht, ist bestenfalls irrelevant und, falls relevant, kontraproduktiv. Das gilt vor allem für die sogenannten »Gnadenmittel«, die suggerieren, der Mensch könnte auch am Tun des Gesetzes vorbei gerechtfertigt werden. Eine solche Idee ist »gänzlich überschwenglich«, weil sie »uns für allen Vernunftgebrauch untauglich [macht] oder auch zur Trägheit einladen [lässt], das, was wir in uns selbst suchen sollten, von oben herab in passiver Muße zu erwarten« (ebd., 867). Die Verpflichtung, das Gesetz zu tun, bleibt.

Gottlose, nicht gesetzlose Moral

Das Gesetz ist Verpflichtung

Kant muss aber noch fertigwerden mit einem kirchliches Dogma, das diese Verpflichtung zwar nicht aufhebt, aber sinnlos macht: dass der Mensch sündig ist (*ist*: von *Natur* aus geneigt, Gott und seinen Nächsten zu hassen). Kant kann dieses Dogma nicht so leicht loswerden, weil er selber im Menschen ein »radikal Böses« erkennt, das den Gedanken, er könnte das Gesetz tatsächlich tun, gründlichst problematisiert. Dagegen lässt sich nur vorbringen, dass das Wissen um die Vernunft und somit um das Gesetz im Menschen nie getilgt werden kann. Es klingt wie ein Bekenntnis, ein Glaubenssatz, und Kant gibt auch zu, dass unbegreiflich ist, warum die Anlage zum Guten die ursprüngliche sein soll, und dass es keinen begreiflichen Grund gibt, »woher das moralisch Böse in uns zuerst gekommen« (ebd., 693).

Und die Sünde?

Was Kant hier tut, ist, die von Kirche und Theologie überlieferte biblische Sprache zu übersetzen in eine Sprache, die der Sprache seines Freiheitsprojekts gemäß ist. Eigentlich tue ich nichts anderes. Auch ich habe in meiner biblischen Theologie *Erlösung aus der Sklaverei* versucht, die biblische Sprache zu übersetzen in eine Sprache, welche für die Genossen, mit denen ich mich im Protest gegen die verkehrte Welt verbunden weiß, verständlich ist. Ob diese Übersetzungsarbeit gelingt oder überhaupt gelingen kann, ist eine Frage, die nur in der Praxis der gegenseitigen Verständigung beantwortet werden kann. Du, lieber Genosse, hast meine biblische Theologie gelesen und mir geschrieben: Ich kann ihr nur zustimmen; mit der einschränkenden Bemerkung: Nur kann ich leider nicht glauben (worauf ich antwortete: Klaus, wer jetzt wie du noch Kommunist ist, glaubt).

Wer Kommunist ist, muss gläubig sein

Dass es sich bei Kant tatsächlich um eine Übersetzung handelt, ist für mich offensichtlich. Seine Überlegungen zur praktischen Vernunft, zum moralischen Gesetz und zur Pflicht sind ihm nicht aus heiterem Himmel eingefallen. Die Sprache der Vernunft ist so rein nicht, wie sie sich gibt. Ohne ihre Einbettung in eine christlich inspirierte Kultur lässt sie sich nicht denken. Nun könnte man sagen: Ja, aber die Eigenart dieser Sprache der Vernunft ist doch, dass sie sich von der Heteronomie, die für diese Kultur typisch ist, befreit hat. Die Vernunft ist es ja, die darüber entscheidet, was aus dieser christlich inspirierten Kultur übernommen werden kann. Und das gilt nicht zuletzt für die Quelle, aus der diese Kultur ihre Inspiration schöpft: die Bibel. Ist in der Bibel ein Gott das Subjekt des moralischen Gesetzes, ist es für den aufgeklärten Kant der Mensch, der, um zu wissen, was er tun soll, keinen Gott braucht. So ist das Verhältnis zwischen Glauben (Gott – Bibel – Kirche – Heteronomie) und Wissen (Mensch – Vernunft – Autonomie) uns vertraut geworden: als ein letztlich unüberbrückbarer Gegensatz.

Kants Mensch benötigt keinen Gott

Das Verhältnis lässt sich aber auch anders, produktiver denken. Sagt der Mensch, der so vehement für Vernunft und Autonomie kämpft, nicht: Ein Gott, der uns gerade das verbieten sollte – ein freier Mensch zu sein –, kann nicht Gott sein? Und kann diese Verneinung nicht auch biblisch verstanden werden? Als Protest gegen einen Gott, der versprochen hat, der Gott zu sein, der befreit? Was ist z. B. Hiob anderes als ein solcher Protestant? Die Voraussetzung mag zwar eine andere sein als die von Kant. Kant beruft sich auf die Stimme der Vernunft, Hiob auf die Stimme, die gesagt hat: »Ich bin JHWH, dein Gott, der dich aus dem Sklavenhaus hinausgeführt hat«. Aber sind das unbedingt zwei entgegengesetzte Stimmen? Dann müsste das, was Kant unter Vernunft versteht, biblisch gesprochen tatsächlich eine »fremde« Stimme sein. Ich kann das nicht erkennen. Das moralische Gesetz bei Kant ist der kategorische Imperativ eines radikalen Humanismus, sowohl was das Ziel angeht (eine Gesellschaft von freien Menschen) als auch was sein Subjekt betrifft (das selber frei sein muss, weil Mensch-sein und Zwang eine contradictio in terminis ist). In der Bibel ist das Ziel des moralischen Gesetzes die Tora, nicht weniger als eine Gesellschaft von freien Menschen, in biblischer Sprache »ein königliches und priesterliches Volk« (Ex 19,5–6); will sagen: ein Volk, worin die herrschaftlichen Instanzen »König« (Staat) und »Priester« (Ideologen) im Volk »aufgehoben« sind, *theo*-logisch gesprochen: Gott ist »alles in allen« geworden.

Gott ist »alles in allen«

Aber wie ist es mit dem Subjekt der Befreiung? Das ist doch unverkennbar ein Gott, oder? Das Ziel, die Perspektive der Tora: Gott alles in allen, macht aber schon klar, dass Gott im Zeichen seiner »Aufhebung«, seiner Vorläufigkeit steht. Auch die Gabe der Tora jedoch ist seitens des Volkes mit Freiwilligkeit verbunden. Das ganze Verfahren unterstreicht, dass das Volk nicht gezwungen wird, die Tora anzunehmen. Gott erteilt nicht einfach einen Befehl, sondern es wird ein Bund geschlossen, in dem wie Gott auch das Volk verspricht, Tora zu tun. Es ist sowieso schon bezeichnend, dass es diesem Gott, anders als unter Göttern normal, nicht um sich selbst zu tun ist:

Einen Bund schließen statt Befehle erteilen

Diesem Gott dienen heißt »seine Gebote bewahren«, also: Tora tun. Das Volk kennt zwar ein Heiligtum, aber darin steht nicht wie üblich ein Gottesbild, sondern die Tora. Nicht, dass das Volk sich über die Tora erheben kann; es ist nicht so frei, nicht Tora zu tun. Aber diese Pflicht hat es freiwillig auf sich genommen. Kant denkt durchaus biblisch, wenn er in Bezug auf das moralische Gesetz Pflicht und Freiheit ineinander denkt. Wie es ebenso biblisch ist, wenn er zu bedenken gibt, dass Pflicht »zu Handlungen« verpflichtet, »so *ungerne* wie sie auch geschehen mögen« (Kant 1983c, 202). Biblisch ist aber auch, wenn er das Gebot »Liebe Gott und deinen Nächsten, er ist wie du« so auslegt: »Gott lieben heißt, seine Gebote *gerne* tun; den Nächsten lieben heißt, alle Pflicht gegen ihn *gerne* ausüben« (ebd., 205).

Die Pflicht freiwillig auf sich nehmen

Das Paradox, mit dem Kant ringt: Der Mensch ist frei, seine Pflicht zu tun, wählt aber die Unfreiheit. Es ist das Paradox, das wir aus der Bibel als den Sündenfall kennen. Mit der Bibel aber bleibt Kant dabei, dass »die ursprüngliche Anlage eine Anlage zum Guten« (Kant 1983b, 693) ist, in biblischer Sprache: Der Mensch ist gut geschaffen, und der Sündenfall hat das nicht rückgängig gemacht. Er bleibt auch danach der Mensch als »Gleichnis Gottes«. Die Kirche aber hat vor dem Sündenfall kapituliert und die Unfähigkeit des Menschen zum Guten verabsolutiert und ersetzt durch eine Begnadigung, die das Gebot, Tora zu tun, faktisch »aufhob«.

Die Kirche braucht das »Böse«

Ich weiß, das ist eine Karikatur der christlichen Theologie, wie wir sie jetzt kennen (zumindest kennen können, wenn wir z. B. Barth und Bonhoeffer, Metz und den heutigen Papst lesen würden). Aber es ist diese Karikatur, die die Kirche über Jahrhunderte hindurch überliefert hat und gegen die Kant sich wehren musste. An einem Punkt jedoch zeigten auch die genannten Theologen (außer Bonhoeffer vielleicht) ein Schwächeln, und gerade dieser Punkt ist für das Judentum wesentlich: Der Mensch ist von Gott unabdingbar in die Pflicht genommen. Alles hängt auch für Gott, d. h. für sein Befreiungsprojekt, davon ab, dass der Mensch Tora tut. Wie ein jüdischer Midrasch sagt: »›Ihr seid meine Zeugen, spricht JHWH, und ich bin Gott‹ (Jesaja 43,12), das heißt, wenn ihr meine Zeugen seid, dann bin ich Gott, und wenn ihr meine Zeugen nicht seid, dann bin ich nicht Gott.« Ich erinnere mich auch an einen jüdischen Spruch, der Gott sagen lässt: Auch wenn sie mich vergessen, ist das nicht schlimm, solange sie nur meine Tora tun. Hier gibt es einen Grund für das Tun von Tora, der bei Kant so nicht zu finden ist: Verantwortung. Dass das so ist, lässt sich selber nicht mehr begründen. Der Hinweis auf einen Gott, der uns die Tora gegeben hat, ist zu prekär, als dass wir uns darauf berufen könnten. Ton Veerkamp hatte recht, als er nach dem Scheitern des »messianischen Jahrhunderts« (wir hatten so gehofft) feststellen musste: Wir haben nur uns. Aber das heißt immer noch: Wir haben die Tora und die Verpflichtung, sie zu tun. Die bleibt, auch wenn wir die Hoffnung verloren haben und lieber resignieren möchten – was besonders für Menschen, die wie ich auf der Sonnenseite der westlichen Wohlstandsgesellschaft leben und so alt sind, dass sie nicht befürchten müssen, von den kommenden Katastrophen allzu sehr betroffen zu werden, verführerisch ist.

Tora tun geht auch ohne Gott

Dazu ist noch zu bedenken: Erstens, so wahrscheinlich es auch ist, dass die Welt auf ein Ende mit Schrecken zugeht, wir wissen nicht, was das Ende der Geschichte sein wird; also: wer weiß, was uns noch bevorsteht, im Bösen (das Wahrscheinliche) und im Guten (das Unwahrscheinliche); zweitens bleibt die Verantwortung für die Menschen, die hier und heute verloren zu gehen drohen und denen nicht zu helfen, weil es sowieso keine Hoffnung mehr gibt, zynisch wäre.

Die Welt geht auf ein Ende mit Schrecken zu

Die Frage ist dann: Was heißt Tora tun hier und heute konkret? Ich denke diese Frage sollte uns in unserem Briefwechsel jetzt vor allem beschäftigen.

Klaus Weber, 22. Mai 2023

Lieber Dick,

ich habe zwar schon begonnen – aber ich komme nicht weiter. Der Grund liegt in der wenigen Zeit und den vielen Aufgaben – nicht in der Lust bzw. Unlust zu antworten. Ich schreibe gerade drei Sozialgerichtsklagen für Menschen mit Behinderung, die das selbst nicht können; dann beginnt hier der Wahlkampf und ich bin wieder Listenerster (für den oberbayerischen Bezirkstag) der Linken, wo ich die oben angegebene Politik mit und für Behinderte mache und wo wir einige Erfolge erzielen konnten (gemeinsam mit einer Gruppe radikaler Behinderter). Daneben findet der reguläre Hochschulbetrieb statt (in diesem Semester betreue ich 15 Bachelorarbeiten), was im Alter anstrengender wird. Letzte Woche war mein Freund Wolfram Adolphi aus Potsdam zu Gast bei mir und hat sowohl an der Hochschule (über das Unwissen im Westen bezüglich der DDR) als auch bei der Linken (über den westlichen »Vorkrieg«, der im Krieg gegen China enden könnte) gesprochen. Zum Abschied las er aus seiner Trilogie *Hartenstein* (die von seinem Großvater handelt, der in Auschwitz-Monowitz beschäftigt war) vor einem privaten Publikum bei mir zu Hause vor. Du siehst (ich habe die Bergwanderungen mit meiner Liebsten nicht erwähnt und auch nicht, dass ich nächste Woche in der Musikschule mit dem Akkordeon vorspiele, wofür ich fleißig übe): Es ist viel. Und ich will Dir antworten mit Ruhe und Freude – ohne Stress. Also bitte ich Dich um etwas Geduld …

China, Auschwitz, DDR: das Wissen ist immer zu wenig

Dick Boer, 23. Mai 2023

Lieber Klaus,

kein Problem. Unser Briefwechsel soll ja keine Quälerei werden. Schade, dass ich beim Gespräch mit Wolfram Adolphi nicht dabei sein konnte. Er hat im letzten *Argument*-Heft, finde ich, ausgezeichnete Artikel über die (meine) DDR geschrieben[8].

Ich schick Dir, auch eine Art Brief, mein Votum zum Artikel »Niederlage« für das nächste *Historisch-kritische Wörterbuch des Marxismus*. Es spricht für sich, glaube ich:

Votum »Niederlage«

Die konkreten Niederlagen dialektisieren

Der roten Linie des Artikels kann ich nur zustimmen. Die marxistische Theorie würde mit sich in Widerspruch geraten, wenn sie »Niederlage« nicht mehr als Moment der Suche nach den Möglichkeiten ihrer Überwindung in der gegebenen Wirklichkeit begreifen würde. Die angeführten Marxisten von Marx bis Adamczak bezeugen das. Wohl wird zu Recht die Frage, wie es noch gelingt, die konkreten Niederlagen zu dialektisieren, auf die Spitze getrieben, bis zum dann doch deprimierenden Satz: »Whereas from the standpoint of the materialist conception of history, no defeat, no matter how catastrophic, is permanent for the forces of emancipation, the shifting of the ›double internality‹ of humanity and nature into view presents us with a clear exception. If the foundations of the production and reproduction of social life are destroyed, then – and only then – *no alternatives are left*«. Es hätte der letzte Satz des Artikels sein können, aber dann wäre

8 Die Beiträge von Wolfram Adolphi im *Argument 340* befassen sich mit der Frage, wieso die Linke der bundesdeutschen Kriegshetze mit der behaupteten »Zeitenwende« wenig bis nichts entgegenzusetzen hat (2023), sowie mit einem Sammelband zur DDR-Geschichte (2023a).

die Behauptung im Trailer: »the scarcity of ›victories‹ and advances towards the ›solution‹ to the question of emancipation has not invalidated the conception of history that underscores Marx' statement« (dass die Menschheit sich nur Aufgaben stellt, die sie lösen kann), schwerlich so aufrechtzuerhalten gewesen. Obwohl dagegen wieder hätte gesagt werden können, dass wir über dieses »then – and only then« nicht zu befinden haben. Das hätte dann tatsächlich der letzte Satz sein können. Und was mich betrifft: sein müssen. Denn das Ende der Geschichte ist so offen nicht mehr, wie wir es uns vielleicht lange dachten. Die endgültige Niederlage steht zwar nicht fest, aber sie ist so denkbar geworden wie nie.

Die Menschheit stellt sich nur Aufgaben, die sie lösen kann

Das bringt mich auf etwas, das meines Erachtens fehlt: die Marxisten, die über die Niederlagen, die sie erlitten haben, nicht mehr hinweggekommen sind. Über sie darf in einem Artikel »Niederlage« nicht geschwiegen werden. Sie haben kapituliert, weil sie die Hoffnung verloren haben, die Geschichte könnte sich noch zum Guten wenden. Ich denke an meine älteren Genossen in der niederländischen Kommunistischen Partei, die ihr ganzes Leben für die Sache einsetzten und dann feststellen mussten: Es war alles umsonst gewesen. Diese Niederlage – der Zusammenbruch des Sozialismus – war eine Niederlage zu viel. Zu sagen, sie hätten in einem *Begriffs*wörterbuch nichts zu suchen, greift, denke ich, zu kurz. Denn ihre Anwesenheit *im* Wörterbuch macht klar, wie prekär der Status der marxistischen Theorie ist, gerade wenn sie den Begriff »Niederlage« reflektiert.

Das Leiden der Genoss_innen an den Niederlagen

Zum Schluss: Ich frage mich, ob nicht auch Auschwitz in den Artikel gehört. Die Shoah ist auch eine Niederlage der Arbeiterbewegung, die sie nicht hat verhindern können, auch weil sie die Solidarität mit den verfolgten Juden nie zu einem selbständigen Kampfziel machte. Mit einer Ausnahme: der Februarstreik 1941 in den Niederlanden. Zum Streik hatte die Kommunistische Partei aufgerufen. Er richtete sich ausschließlich gegen die antijüdischen Maßnahmen der deutschen Besatzungsmacht und die Provokationen seitens niederländischer Nazis. Der Streik entwickelte sich in kürzester Zeit zu einer Massenbewegung.

»Nie wieder Auschwitz!« – was bedeutet der Satz für künftiges Handeln

Die Frage ist, wie diese Niederlage gedacht werden kann. Das »Nie wieder Auschwitz« ist zwar ein Gebot für zukünftiges Handeln, aber ist es noch in einen dialektischen Umgang mit der Geschichte zu integrieren? Adorno und Horkheimer haben den Antisemitismus in ihrer *Dialektik der Aufklärung* nur noch als »*Grenze* der Aufklärung« denken können. Auf diese Grenze gestoßen zu sein heißt für das Gedenken der Shoah, dass wir über sie nicht hinwegkommen können und wollen.

Klaus Weber, Mitte August 2023

Vorbemerkung: Schon wieder schaffte ich es nicht, Dir trotz telefonischer Ankündigung rechtzeitig zu schreiben. Es kommt mir immer etwas dazwischen, was Du »Tora tun« nennst. Gottseidank hast Du in der letzten Mail geschrieben, dass meine »Gerechtigkeitsarbeit«, wie ich sie nennen will, wichtiger sei als unser Briefwechsel. Und weil Dein letzter Brief am Schluss die Frage stellt, was es konkret heiße, »Tora hier und heute konkret zu tun«, sollst Du erfahren, was mich davon abhielt zu antworten. Wie Du weißt, bin ich in Oberbayern in der Behindertenpolitik engagiert (über meine Arbeit als gewählter Kommunalpolitiker im Bezirkstag von Oberbayern habe ich in meinen *Jagdszenen aus Oberbayern* ausführlich berichtet): Neben meiner Hochschularbeit sind es viele Menschen mit Behinderung, die mich anrufen und mir schreiben, dass ihnen Unrecht geschehen ist. So helfe ich in diesem Jahr zwei Menschen mit unterschiedlichen Problemen, die ihnen gemacht werden. Man könnte sagen: Ihr Leben wird durch die Sozialverwaltung des Bezirks Oberbayern enorm »behindert«.

Gerechtigkeitsarbeit konkret

Der eine, Josef, wurde letztes Jahr – nach 30 Jahren mit einer 24-stündigen Assistenzkraft versorgt – anlässlich einer Online-Begutachtung (Bedarfsermittlung) durch »Expertinnen« der Behindertenarbeit in Aufruhr versetzt, weil er einen Bescheid bekam, in dem ihm diese 24-Stunden-Unterstützung für sein Leben auf acht Stunden gekürzt werden sollte. Dazu muss man wissen: Josef kann sich alleine nachts nicht drehen, er muss also »gewendet« werden; er kann nicht alleine auf die Toilette gehen und hat, wie geschrieben, seit 30 Jahren aus diesem Grund auch viele Assistenzkräfte, die ihm dazu verhelfen, ein einigermaßen akzeptables Leben zu führen. Sein Gesundheitszustand – so hat es eine Pflegebegutachtung ergeben – hat sich sogar von Pflegegrad 4 auf Pflegegrad 5 verschlechtert. Ich habe diese Online-Begutachtung im Sozialausschuss des Bezirks skandalisiert, und

Wie behinderte Menschen schikaniert werden

damit war Josef erst mal geholfen. Nach einem Treffen mit zwei zuständigen Kolleginnen der Sozialverwaltung haben diese – im Beisein von Josef – deutlich gemacht, dass die 24 Stunden aufrechterhalten bleiben sollen. Was ich vergessen habe zu schreiben: Josef ist durch seine Behinderung nicht in der Lage zu sprechen. Die »Bedarfsermittlung« vom April 2022 hat mit seinem gesetzlichen Betreuer stattgefunden, und Josef hat gar nichts zu seinem Zustand zu Protokoll geben können; der Betreuer war zu eingeschüchtert, um für seinen »Betreuten« zu kämpfen (davon abgesehen, dass jederfrau und jedermann, der oder die mit Josef zusammensitzt, nach kurzer Zeit klar wird, dass er 24 Stunden Assistenz benötigt). Um deutlich zu machen, was das für mich an ehrenamtlicher Arbeit bedeutete: Ich legte einen Aktenordner an, in dem sich heute mehr als 40 Schreiben (Briefe und E-Mails) an die Sozialverwaltung, die Widerspruchsbehörde (Regierung von Oberbayern) und das Sozialgericht München befinden. Ich habe für ihn eine Rechtsanwältin aufgetan und so gut es zeitlich geht ihn immer wieder besucht. Der Aktenordner umfasst inzwischen mehr als 300 Seiten, es stehen zwei Sozialgerichtsklagen an, und eine Landessozialgerichtsklage wurde soeben durch Gerichtsbeschluss beendet.

PKW durch Verwaltungsbeamte abgelehnt

Der zweite »Fall«, der eben kein Fall, sondern ein Mensch ist: Ursula sitzt im Rollstuhl, fuhr bis 2017 ein Auto, und dann ging das kaputt. Sie stellte 2018 einen Antrag zur Anschaffung eines neuen PKW, der inklusive behindertengerechten Umbaus auf mehr als 50 000 Euro kommen würde. Ihr Antrag wurde 2019 abgelehnt, der Widerspruch im Jahr 2020. Die Sozialgerichtsklage wurde diese Woche (Mitte August 2023) verhandelt. Ich habe die Widersprüche geschrieben, den Schriftverkehr mit den Anwälten und dem Gericht geführt usw. Nachdem sich 2022 die Rechtslage warum auch immer verändert hat, ist die Klage nicht mehr zulässig und muss erneut gestellt werden. Ursula lebt seit mehr als sechs Jahren ohne PKW in einem Dorf mit 4 Häusern; sie kann nicht mit dem Bus fahren und es gibt in dem Dorf und der näheren Umgebung auch keine Möglichkeit, ein für ihren E-Rollstuhl passendes Taxi zu ergattern. Will sie ins Kino nach Rosenheim oder zu einem Konzert nach München oder zum Schwimmen ins Hallenbad (und Ursula hat jede Woche 5, 6 Termine), muss sie jedes Mal vorher einen Fahrdienst anrufen und checken, ob sie gefahren werden kann. Spontanes Entscheiden ist also nicht möglich; ihr Leben ist seit der Ablehnung eines PKW durch die Sozialverwaltung des Bezirks enorm eingeschränkt. Die Argumentation: Es sei ihr »zuzumuten«, solche Einschränkungen in Kauf zu nehmen. Auch Ursula habe ich öfter besucht und sie bei jeder Sozialgerichtsverhandlung begleitet (die Anwältin habe ich ihr ebenfalls besorgt und ich übernehme auch die Kosten, weil sie keine Rechtsschutzversicherung hat). Alle zwei Wochen telefonieren wir mehr als eine halbe Stunde. Nach dem Sozialgerichtstermin habe ich Anfragen an zwei Fahrdienste gestellt zu wöchentlichen, monatlichen und jährlichen Kosten der Beförderung, dazu einen Antrag auf Mobilitätshilfe bei der zuständigen Behörde. Vorab habe ich jeweils mit den zuständigen Sachbearbeiter_innen telefoniert, um auch alles richtig zu machen, damit es schnell geht.

Was zumutbar ist, bestimmt der Nichtbehinderte

Über die anderen Menschen mit Behinderung, die mich kontaktieren, weil ihnen Ähnliches geschieht, will ich weiter gar nicht schreiben. Das also – und viele kleine schöne wie unangenehme Dinge in diesen Kriegsjahren – hielt mich davon ab, Dir rechtzeitig zu schreiben. Aber nun soll es geschehen:

Lieber Dick,

Du schreibst, wir sollten uns vor allem damit beschäftigen, was Tora tun heißt – hier und heute. Doch schon die Frage nach dem Tun von etwas beinhaltet die Tendenz, dass wir immer etwas tun »um zu«; was eine Zielbestimmung und also eine Vorstellung eines anderen Zustands beinhaltet (muss es dann nicht auch ein besserer, ein verbesserter Zustand sein?). Natürlich kann es auch um das Abwenden von Schlechterem gehen; doch selbst darin steckt ein »um zu«. Kannst Du darauf bitte antworten. Ich könnte Dir mit Deinem Kant antworten, dass Margit eben ihre Pflicht tut für eine menschlichere Gesellschaft – auch wenn sie von einem solchen Ziel nichts wissen will.

Der Sinn politischen Handelns

Doch ein Handeln in sozialen Zusammenhängen kann ich ohne Zielbestimmung nicht denken – alles andere wäre esoterischer Kram. Vielleicht können wir uns darauf verständigen, dass es dieses Ziel auch im Handeln Deiner Frau gibt; allerdings geht es nicht mehr um die großartig gedachte Überwindung gesellschaftlicher Ungerechtigkeit und das Ziel des »Vereins freier Menschen«. Vielleicht.

I *Kant und die Pflicht*

»ich habe begriffen, dass das
wichtigste im leben UNGEHORSAM ist«
Ingeborg Bachmann, 1957

Alles, was Du über Kant schreibst, ist mir zwar geläufig, aber auch zu theoretisch, zu abstrakt. Und das Ende mit dem Beispiel des Studenten, dem es helfen könnte, wenn ich »streng« mit ihm bin, zweifle ich an. Letzte Woche in meinem »Neoliberalismus«-Seminar habe ich die anwe-

Hoffnungslosigkeit allüberall

senden Student_innen befragt auf ihre Hoffnung/slosigkeiten hin. Die Antworten reichten vom »Genießen, weil die Welt ohnehin nicht mehr lange besteht« über Arbeiten an Theorien, die uns weiterhelfen könnten, bis hin zum Gemüseanbau im eigenen Schrebergarten und dem Teilen der Früchte mit den Nachbar_innen im Wohnblock als Geste solidarischen Handelns. Doch überwiegend waren die meisten verzweifelt und hoffnungslos, was den Sinn politischen Handelns betrifft. Als ich ihnen von meiner Arbeit im Bezirkstag erzählte und den freudigen Blicken derjenigen behinderten Menschen, denen ich durch Briefe, Widersprüche, Sozialgerichtsklagen und

»strenge« Telefonanrufe bei Ämtern und Verwaltungen dabei helfen konnte, Einsparungen abzuwehren und das eh schon eingeschränkte Leben nicht noch unmenschlicher werden zu lassen (v. a. eingeschränkt durch die deutsche Bürokratie, die von Bismarck über Hitler bis danach alles tut, um den Herrschenden das System zu stabilisieren und die »Geknechteten« noch mehr zu knechten und zu demütigen), gab es immerhin eine wahrnehmbare Veränderung der Stimmungslage – es scheint so zu sein, dass das konkrete Gerechtigkeitshandeln (was Du »Tora tun« nennst) die Kraft in sich trägt, zum Handeln zu bewegen.

Deutsche Bürokratie funktioniert von Bismarck über Hitler bis heute

Da bin ich auch schon wieder bei Deinem Kant: Alles, was er schreibt und was Du über ihn schreibst, hat bei mir keine »Auftreffstruktur« (Althusser); das mag mit meiner proletarischen Herkunft zu tun haben oder aber auch mit meiner Abneigung gegenüber elfenbeintürmerischem Intellektualismus. Frigga Haug sagte vor mehr als 15 Jahren bei einem Vortrag hier in München: »Wenn dieser Theoretiker nicht durch meine Küche geht – und ich bemühe mich sehr, ihn und das Geschriebene zu verstehen; aber wenn das nicht durch meine Küche geht, dann soll er mit seinen Sachen draußen bleiben.« Die »Küche« meint das sinnliche, wirkliche und praktische Leben, auf das sich Marx und Engels immer wieder in ihrer *Deutschen Ideologie* beziehen. Wenn Theorien sich nicht darauf beziehen, sondern auf aus dem Himmel geborene Kategorien und Begriffe – wie sollen wir Menschen mit diesen Theorien dann etwas anfangen können? Haug bezog sich damals auf Habermas, dessen neues Werk *Auch eine Geschichte der Philosophie* (2019) das vorsätzliche Bemühen eines Sozialphilosophen darstellt, nicht verstanden werden zu wollen; mit Kant geht es mir nicht anders. Noch schlimmer ist es jedoch, Habermas zu lesen, wenn er über Kant schreibt. Ich habe bei ihm trotz großen Widerwillens nachgelesen, was er zum Zusammenhang von Pflicht und Vernunft schreibt: »Kant sieht sich […] genötigt, nicht nur den *Begriff*, son-

Das sinnliche, wirkliche, praktische Leben

dern auch das *Dasein* von praktisch gesetzgebender Vernunft und Freiheit zu erklären. Zu diesem Zweck bezieht er sich auf das Faktum eines Pflichtgefühls, welches er als das Gefühl der Notwendigkeit beschreibt, eine Handlung ›aus Achtung vor dem Gesetz‹ auszuführen. Das Faktum der Pflicht, ›worin sich reine Vernunft bei uns in der Tat praktisch beweiset‹, ist ›unleugbar‹, auch wenn das Bewusstsein einer solchen Verpflichtung nicht wie eine empirische Tatsache erkannt, sondern nur im performativen Nachvollzug der Affektion des eigenen Willens durch die achtunggebietende moralische Verbindlichkeit einer begründeten Norm vergegenwärtigt werden kann. [...] Freilich weckt die Anleihe bei religiösen Prädikaten wie ›Heiligkeit‹ oder der ›göttlichen Abkunft‹ des Pflichtgefühls den Verdacht, dass Kant sich bei der Beschreibung des deontologischen Geltungsmodus sittlicher Gebote nur auf die Spuren verlässt, die ein zur Moralität verblasster Glaube an die Autorität des göttlichen Gesetzgebers in der reinen Vernunft des aufgeklärten Philosophen hinterlassen hat« (2019, II 346f.).

Du wirst das sicher besser verstehen als ich; von dem, was Du zu Kant und seinem ins Positive gewendeten Pflichtbegriff schreibst, kann ich darin jedoch nichts (wieder)finden. Und wenn ich dann im bürgerlichen *Wörterbuch der Philosophie* das eher unverdauliche Zitat finde: »*Pflicht!* Du erhabener, großer Name, der du nichts Beliebtes, was Einschmeichelung bei sich führt, in dir fassest, sondern Unterwerfung verlangst« (Kant, zit. n. Kersting 1989, 413), kann ich ebenfalls nicht erkennen, wo der aufklärerische Impetus sein sollte. Dass es manchmal sinnvoll sein kann, für eine gerechte Sache das von W. F. Haug so genannte »militant work« anzuwenden – da habe ich, was meine Person betrifft, nichts dagegen.

Pflicht und Gehorsam 4: Vernünftiger Imperativ oder Nazi-Sprech?

Allerdings, und das betrifft Dein Beispiel mit dem Studenten, der – aus welchen Gründen auch immer – sich gerade etwas hängen lässt, werde ich das nie von anderen verlangen; unabhängig von ihrer Lebenssituation. Schon gar nicht mit Erwähnung des Begriffs »Pflicht«. Es gibt einfach Begriffe, die durch die Verwendung in der Nazizeit oder durch ihr Bedeutungsumfeld nicht »in die Kommune entführt« werden können, wie Ernst Bloch es ausdrückte. Pflicht gehört dazu ebenso wie Heimat, Arbeitsdienst oder deutsche Tugenden. Das alles höre ich vom deutschen Bundespräsidenten bis hinunter zum letzten AfD-Nazi: Ich will und kann einfach nichts damit anfangen.

II *Barbarei und Ungehorsam*

»nichts am krieg ist neu. er beweist
bloß jedes mal was im menschen steckt«
Raoul Schrott, 2023

Die Politik der Grünen: Zerstörung überall

Wie so viele gehe ich davon aus, dass die ökologische Zerstörung nicht mehr aufzuhalten sein wird. Gerade die Politik der Grünen und der Sozialdemokraten wird es sein, die diese Entwicklung, die zur Vernichtung von Millionen Menschenleben führen wird, vorantreibt. Doch das war mir schon vor Jahren bewusst. Ich las 2020 am Gardasee das letzte Buch einer Geowissenschaftlerin, Marcia Bjornerud, in dem sie darlegt, wie (nein, sie schreibt nicht »die Menschheit«) diejenigen »mit einem quasi-mystischen Glauben an den freien Markt« (2020, 194), also die Verfechter von Marktwirtschaft (sie hätte auch schreiben können: Kapitalismus), nichts anderes tun, als uns weiszumachen, dass die Klimakatastrophe nicht so schlimm werde, dass Autofahren, Fliegen und auf Kosten der Ärmsten dieser Welt zu leben voll und ganz in Ordnung sei. Im Gegensatz zum hoffnungsfrohen Buchtitel (*Geologisches Denken und wie es helfen könnte, die Welt zu retten*) beschreibt sie die Erdveränderungen über zehn Milliarden Jahre hinweg und belegt mit einer Unzahl geologischer Fakten, dass und wie die Umweltzerstörung in unumkehrbarer Weise die Lebensgrundlagen von Millionen von Menschen vernichten wird. Was wir gerade am Beispiel des russischen Kriegs gegen die Ukraine erleben; dass jede_r, der/die sich in den letzten

50 Jahren für eine Entspannungspolitik gegenüber der Sowjetunion eingesetzt hat, jede_r, der/die russische Musik oder Literatur genossen hat; alle, die »Kontakt« mit Freund_innen aus Russland oder der Sowjetunion hatten oder haben, sich heute dafür rechtfertigen müssen. Sie werden angeklagt, mit verantwortlich zu sein dafür, dass Putin seine Armee in die Ukraine einmarschieren ließ. Ganz unabhängig davon, dass damit alle Verbrechen der USA und der NATO (und die Deutschlands) sowie die völkerrechtswidrigen Kriege gegen den Irak und Serbien vergessen werden – wieso müssen diejenigen, die in den 1950er und 1960er Jahren den Autobahnausbau gefördert, die Flugzeugindustrie gesponsert, die Entwicklung solartechnischer Innovationen aus Profitgier blockiert haben, sich heute nicht dafür rechtfertigen oder dafür bezahlen? Liegt es nur daran, dass die Kapitalverbände und die Staaten eine riesige Ideologiemaschine betreiben, die Fußball, Popmusik und anderen Verblödungsquatsch in die Menschen pumpt, damit diese nichts sehen, nichts hören und nichts denken – und falls doch, dass sie so schnell wie möglich alles vergessen außer dem, was heute ist und morgen sein wird. Weiter reicht der Horizont nicht.

»Russlandfreunde« denunzieren – Weltzerstörer weitermachen lassen

Die »innere Barbarisierung« Deutschlands

Faschismus – wie passt der da rein? Im Moment findet neben dem »Krieg außen« eine »innere Barbarisierung« in ungeheurem Ausmaß statt: Es gibt nur noch die Fragen nach gut (USA, NATO, die Deutschen) und böse (Putin, die Russen, die Chinesen), und die Antworten werden irgendwann praktisch gegeben. Es handelt sich um Ausgrenzung bis hin zu Gefängnisstrafen, wenn jemand behauptet, dass das 2022 kein Angriffskrieg war, sondern dass der Krieg bereits 2014 begann mit der Aufrüstung der Ukraine durch die USA und dem Krieg der Ukraine gegen die eigenen Gebiete in Donezk und dem Donbas. Diese innere Barbarisierung Deutschlands wird nicht von der AfD getragen (die faschisiert das Land und die Leute auf andere Weise), sondern von den Grünen, der FDP und der SPD. Wer davon überrascht ist, hat einfach zu wenig nachgedacht (ich nehme mich da nicht aus). Bereits in

Deutschland: Land der Tierliebe und Menschenverachtung

den 1980er und 1990er Jahren sahen Wolfgang Pohrt und Peter Hacks die verborgenen Ideologeme der Grünen und ihren Zusammenhang mit einem aufkommenden Neofaschismus. Pohrt schreibt 1978 über Deutschland (die Grünen sind gerade kurz vor ihrem langen Marsch in die Institutionen) als »Land der Tierliebe und Menschenverachtung, der Rührseligkeit und der Gnadenlosigkeit, [in dem] nur durch restloses Abschalten des Verstandes optimale Betroffenheit« erzielt werden könne (Pohrt 2019, 121); und 1989 findet er Worte, bei denen Baerbock & Co. vor meinen Augen erscheinen: »Nach dem Muster der projektiven Wahrnehmung vermeintlich von einem fremden Gegner bedroht, ist es in Wahrheit diese Generation selber, welche mit unerbittlichem Stumpfsinn die Liquidierung ihrer Geschichte betreibt« (2018, 123). Hacks 1992: »Wo kommen, wenn in einem Land Faschismus gebraucht wird, wo kommen die entsprechenden Parteien, die entsprechenden Organisationen her [...] Ich nehme an, in Deutschland werden es die GRÜNEN und dieses sogenannte Bündnis 90 sein. Also, es werden nicht die Nazis von Herrn Frey und nicht die Nazis von Herrn Schönhuber sein, sondern es werden die sein« (2018, 302). Dass die Barbarei ein grün-rotes Gesicht haben wird, das glauben heute noch viele nicht, obwohl sich all das verdichtet, was Pohrt und Hacks schreiben. Ich weise nur auf Baerbocks Ausspruch in Yad Vashem hin, der ihre völlige Unfähigkeit zeigt, mit dem historischen deutschen Faschismus etwas anzufangen: »Ich bin noch tief berührt von meinem Besuch in Yad Vashem. Aber nun kommt endlich wieder die Sonne raus«: optimale Betroffenheit bei gleichzeitiger »Liquidierung der Geschichte«, wie Pohrt es vorhergesagt hat. Begleitet wird dieses Geschwätz vom SPD-Kanzler Olaf Scholz, der vor dem Europaparlament das »Ende der Geschichte« verkündet und den Beginn eines neuen Zeitalters, das keine Rücksicht mehr nehmen muss auf Floskeln wie »aus der Geschichte lernen« und Ähnliches. Zeitenwende: nicht 1944, nicht 1989, nicht 1999 mit dem Krieg der NATO

Betroffenheitsgeschwätz mit Plastikwörtern

und Deutschlands gegen Serbien. Nein: Heute beginnt eine neue Zeitrechnung mit dem Krieg gegen das Böse (Steinmeier), das sich in allen Russen und Putin verkörpert. Als Mittel benutzen unsere Politiker und die ihnen in Kriegsgeilheit vorauseilenden Medien das, was Uwe Pörksen 1988 als »Sprache einer internationalen Diktatur« beschrieb: Plastikwörter (Pörksen 1988).

Heiner Müller: Faschismus und Zeit

Bei Heiner Müller lese ich zum Zusammenhang von Zeit und Faschismus etwas, was mir nachdenkenswert erscheint: »Es gab in der DDR ungeheuer viel Zeit, ein Staat der Verlangsamung. Die Zeiteinstellung im Sozialismus ist der eigentliche Unterschied zum Faschismus. Für Hitler gab es keine Weltzeit, nur Lebenszeit. Dieses bedingungslose Präsens, dass alles in seinem Leben passieren musste, erklärt vielleicht die Faszination, die Hitler heute [...] ausübt: No future, alles jetzt. Hitlers Leben war gleichzeitig auch ein langer Selbstmord, das war die eigentliche Energie« (2008, 387). Mit ein bisschen Nachdenken und einer Aktualisierung der müllerschen Gedanken könnten wir die Reden und Taten der deutschen Regierung durchaus als Ausdruck dieses enormen Drucks interpretieren, alles in seinem Leben ergattern zu können – inklusive Krieg und Vernichtung anderer.

Mittelschichtskinder wollen Krieg – als »grüne« Erwachsene

Marx & Engels würden die reale Grundlage im Leben des Regierungspersonals suchen: hier wohlstandsverwahrloste Mittelschichtskinder (wie Baerbock und Habeck), denen TV, Internet und Handy einfach keine anhaltende Befriedigung verschaffen konnten und können (wie so vielen nicht); dort die ehemaligen Sozialisten, die nie etwas anderes wollten, als in Machtpositionen zu gelangen, um das zu verwirklichen, was sie ihren Eltern und Großeltern angekreidet haben: die endgültige Eroberung des Ostens.

Lieber Dick, warum schreibe ich das? Mir ist die Verengung unserer Diskussion auf die Klimafrage zu wenig. Die faschistische Gefahr ist da – so stark wie noch nie zuvor in Deutschland und Europa. Ich muss nicht aufzählen, wie wenig hier passiert gegen Nazis und wie die linken Kräfte immer noch und immer mehr vom Staat und seinen Schergen (Polizisten & Richtern) attackiert werden. Die alte These stimmt: Drei Linke sind in diesem Staat eine terroristische Vereinigung – drei Neonazis, die gemeinsam ein Flüchtlingsheim anzünden, sind bedauernswerte Einzeltäter, deren Kindheit durch Traumatisierung etc. zu solchen Missetaten führen musste. Es könnte sein – das eine Antwort auf Deine Schlussfrage –, dass wir uns (wieder) darauf vorbereiten müssen, Zielscheiben dieser neuen Nazis und ihrer Helfershelfer in Staat und Gesellschaft zu werden, und damit rechnen müssen, Opfer einer solchen Bewegung zu werden.

Drei Linke: eine terroristische Vereinigung

Drei Neonazis: bedauernswerte Einzeltäter

III *Hermann und Margit und der Student*

> »Auch scheitern kann man nur an Aufgaben, die man hat bewältigen wollen und auch hätte bewältigen können. Wer nicht weiß, was ich wollte, kann mir schlicht nicht sagen, ob ich es geschafft habe«
> Dietmar Dath, 2020

Du weist mich in Deinem Brief zurecht, ich hätte Dich falsch verstanden, wenn ich dächte, Du wolltest Gremliza und Deine Frau als Beispiele für ein »Tora tun« anführen, ein Handeln, mit dem sie ein »Projekt«, ein »utopisches Ziel« verfolgen würden. Du schreibst: »Für mich machen sie die Welt menschlicher, einfach weil sie da sind, so wie sie sind.« Lieber Dick, sosehr Du es verstehst, den Kant in eine befreiende Perspektive zu rücken, sosehr weigerst Du Dich, Gremlizas und Margits Tun (und Lassen) als gesellschaftliche Handlungen zu erkennen. Nein, Du hast einfach nicht recht: Es gibt immer ein »Um-zu« vor dem Handeln und während des Handelns; ansonsten hätte Gremliza ja auch ein Neonazi-Blatt machen können und Margit könnte Radtouren durch Holland planen und (mit Dir oder ohne Dich) machen. Sie macht aber sozial und menschlich Sinnvolles, so wie Hermann etwas politisch – in seiner und unserer Sicht – Notwendiges gemacht hat.

Handlungsfähigkeit 3: Handeln hat immer ein Ziel

Was an Deinem Satz ebenfalls problematisch ist, das ist das Statische, das Du Margit und Gremliza andichtest: »weil sie da sind, so wie sie sind«. Gremliza ist tot – aber er war nie, wie er war. Ich könnte mit Brecht sagen: Er war »des Öfteren nicht einer Meinung mit sich selbst«. Gremliza hat einige Irrtümer hinter sich gebracht, die er auch leidlich eingestanden hat (denk nur an den Versuch der Sozialdemokratisierung von KONKRET mit Manfred Bissinger als Redakteur); und auch Margit ist in den letzten Jahrzehnten sicher nicht dieselbe geblieben. Auch hier ist Brechts Geschichte von Herrn Keuner ein freundlicher Hinweis darauf, wie schrecklich es wäre, wenn wir uns nicht veränderten: »Ein Mann, der Herrn K. lange nicht gesehen hatte, begrüßte ihn mit den Worten: ›Sie haben sich gar nicht verändert.‹ ›Oh!‹ sagte Herr K. und erbleichte« (1967b, 383).

Geschichte von Herrn Keuner

Nun zu Deinem Pflicht-Beispiel mit dem Studenten, dem Deiner Meinung nach »mit Strenge geholfen sein« könnte. Du selbst hast sicher Freud gelesen, ihn kritisch reformuliert – und falls nicht, kennst Du zumindest die Grundgedanken der Kritischen Psychologie. Was soll denn ein »Du darfst Dich *nicht* hängen lassen« einem jungen Menschen helfen, der gerade in einem »Loch« ist, wie man so sagt, und nicht mehr weiterweiß? Selbstverständlich ist es für mich: Er darf sich hängen lassen. Was ich machen kann? Wenig. Ich kann ihm anbieten, gemeinsam darüber nachzudenken, ob es auch Situationen gibt, die ihn weniger belasten, ob es eine Möglichkeit gibt für mich, ihn zu unterstützen. Doch sein Hängenlassen könnte sich – so wenig verstehe ich auch von Psychoanalyse – durch ein pflichtorientiertes »Du darfst nicht ...« eher potenzieren denn verbessern. Von welchem Standpunkt aus hätte ich denn ein Recht, ihm zu sagen, was er darf und was nicht? Ich kann ihm lediglich sagen, dass es mir am Herzen läge, wenn er es schaffte, einen ersten Schritt zu gehen, um seine Unsicherheit, seine Ängste zu überwinden. Und ich kann ihm Kleinigkeiten anbieten. Keine *Hilfe*, diese schreckliche Barmherzigkeitsdroge der

Hilfe: eine Barmherzigkeitsdroge

Psycholog_innen und Sozialarbeiter_innen, mit der sie sich selbst beruhigen, weil sie nicht einsehen wollen, dass jede Lösung eher Probleme erzeugt denn etwas »auflöst«. Das mag für Ingenieure oder Physiker eine Möglichkeit sein, aber nicht für die Zusammenarbeit mit Menschen.

IV Kant – gerade ins Auge geflogen

Für einen Antifaschismus-Vortrag lese ich gerade Horkheimers Aufsatz »Die Juden und Europa« aus dem Jahr 1940. Horkheimer weiß nach genauer Lektüre von Kants *Metaphysik der Sitten*, dass der einsame Königsberger »von den Freiheitsrechten der unteren Schichten nicht viel überzeugter« (1940, 124) war als Sade und Bonald; er zitiert aus Kants Werk: »Der Ursprung der obersten Gewalt ist für das Volk, das unter derselben steht, in praktischer Absicht unerforschlich: d. h. der Unterthan soll nicht über diesen Ursprung [...] werkthätig vernünfteln«. Würde er doch darüber nachdenken, wieso er Untertan sei und bleiben müsse, so müsse er bestraft werden. Es »müsse gehorcht werden«, so Kant. Du bist sicher in der Lage, auch daraus wieder etwas Befreiendes zu konstruieren – ich dagegen lese lieber deine »befreiungstheologischen Überlegungen zum Glaubensbekenntnis« (Boer 2023). Auch wenn Du schon im ersten Brief und vor allem im Neujahrsgedicht der Hoffnungslosigkeit Raum gegeben hast, so lese ich jetzt das Schlusswort Deines neuen Buchs: »Für unsere Zeit auf mehr zu hoffen, ist uns vielleicht nicht gegeben. Lasst uns also tun, was uns auch in unserer Zeit geboten bleibt: unseren Unglauben zu bekennen und so dem Gott der Befreiung die Treue zu halten!« (2023, 108) Ich lese den Satz wieder und immer wieder. Kann es sein, dass durch das »Bekenntnis« zum Unglauben (oder des Unglaubens) und die »Treue« zum Gott der Befreiung (was soll das mehr sein als eine Utopie) über die Hintertür widerwilliges Hoffen in Deinen klugen Kopf eingezogen ist?

Den Unglauben bekennen

Das Plastikwort »zeitnah«

Ich habe anfangs geschildert, was mich daran hinderte, unseren Briefwechsel »zeitnah« (ein Plastikwort!) weiterzuführen. Meine Orte des widerständigen Befreiungsdenkens und -handelns sind die Hochschule, die Partei (die alles andere als kommunistisch ist) und meine gar nicht so vielen Freund_innen. Im letzten Semester lud ich Wolfram Adolphi (einen Potsdamer Freund, den Du aus dem HKWM-Zusammenhang kennst) in zwei Seminare an der Uni ein. Er berichtete über sein China- und Russlandwissen und abends hielt er bei der LINKEN einen Vortrag zur imperialistischen Vorbereitung eines Kriegs gegen China, der im besten Fall noch ein Wirtschaftskrieg sein wird. Wolfram war eine Woche bei mir, und ich habe gelernt und gefragt, und er spricht davon, es sei ihm ebenso ergangen.

Immer wieder fragen mich alle möglichen Menschen, wieso ich das, was ich mache, tue, wieso ich auf so vielen Hochzeiten tanze. Wie ich dazu komme, mich zu erholen von all den Tora-Tätigkeiten, um es in Deiner Sprache zu sagen.

Ehrlich gesagt: Ich bin immer etwas ratlos bei solchen Fragen. Meine vielleicht nicht mehr lebende Analytikerin hat mir vor 30 Jahren sehr weitergeholfen, als ich ihr erzählte, dass ich immer wieder erklären soll, wieso ich mich mit Faschismus beschäftige. Sie meinte: »Es ist verkehrt gedacht von den Leuten. Die Frage ist doch, wie man sich in diesem Land nicht mit Faschismus beschäftigen kann.«

Dick Boer, Anfang Oktober 2023

Lieber Klaus,

am Ende meines letzten Briefes schrieb ich, wir sollten uns in unseren nächsten, letzten Briefen mit der Frage beschäftigen, was »Tora tun« heute konkret bedeuten könnte. Aber ich kann nicht einfach an dem, was Du zu meinem Brief kritisch anmerkst, vorbeigehen. Es soll ja ein Briefwechsel sein und nicht nur ein Thesenaustausch. Und es bietet mir auch die Möglichkeit, mich präziser zu erklären – oder Deiner Kritik zu entgegnen, indem ich auf meiner Behauptung beharre. Übrigens ist Deine Vorbemerkung schon eine Antwort auf meine Frage. Dein Engagement in der ›Behindertenpolitik‹ in Bayern ist ein konkretes Beispiel von »Tora tun« oder, wie Du es so schön nennst, »Gerechtigkeitsarbeit«, eine gelungene Übersetzung von Tora tun ins Säkulare. Ich komme darauf noch zurück.

Gerechtigkeitsarbeit: Übersetzung von »Tora tun« ins Säkulare

Es ist ja auch ein Beispiel, wie Empörung von Dir produktiv gemacht wird. Du bleibst nicht in einer ohnmächtigen Wut stecken, sondern handelst! Es macht mir klar, wie weit das Feld ist (die Felder sind), auf dem man praktisch hilfreich sein kann: in der Solidaritätsarbeit mit Asylanten, mit den Leuten von Extinction Rebellion sich auf Autobahnen festklebend, als verstörender Leserbriefschreiber (meine seltenen Leserbriefe werden übrigens nie veröffentlicht) und, und, und. Ich stehe da mit meinen 84 Jahren hauptsächlich abseits, werde aber von Dir dazu bewegt, ein Feld zu suchen, wo auch ich praktisch tätig werden kann. Ich habe den Plan, Sprachcoach von Menschen zu werden, die als Bedingung für ihre sogenannte Einbürgerung Niederländisch lernen müssen.

Verbindung von Theorie und Praxis

Nun ist natürlich auch theoretische Arbeit praktisch – wenn es sich um eine Theorie der Praxis handelt. Und auch diese Arbeit geht nicht ab ohne permanente Selbstqualifizierung, und diese kostet Zeit. Ich denke, dass man zum Beispiel von einem so versierten Theoretiker wie Wolf Haug nicht verlangen kann, dass er sich auch noch in der Behindertenarbeit engagiert. Und ich erinnere mich noch gut, wie einmal wegen meiner intensiven Parteiarbeit ein Freisemester praktisch [!] für die Theoriearbeit verloren ging. So leicht lassen sich Praxis und Theorie der Praxis nicht miteinander verbinden.

Vom Tun redend schreibst Du: Die Frage nach dem Tun von etwas beinhaltet die Tendenz, dass wir immer etwas tun »um zu«. Und das wiederum heiße eine Zielbestimmung haben und also eine Vorstellung eines anderen, besseren Zustands. Dass man mit seinem Handeln etwas erreichen will, also ein Ziel hat, scheint mir unbestreitbar. Aber dass diese Zielbestimmung die Vorstellung einer besseren oder zumindest weniger schlechten Welt sein muss, wie Du es suggerierst, bezweifle ich. Für Margit reicht das Ziel nicht weiter, als jemandem aus seiner Not zu helfen – ihr das weiterreichende Ziel einer anderen Welt als unbewusst mitgemeint gleichsam unterzuschieben hieße, sie besser zu verstehen, als sie sich selber versteht. Damit soll man, denke ich, sehr vorsichtig sein. Anders gesagt: Wir sollen schon ernst nehmen, dass ihr das Weiterreichende ärgerlich ist. Und ich kann das auch verstehen. Es hat bei ihr damit zu tun, dass die Sprache der radikalen Zielbestimmung wie »Verein freier Menschen«, »Reich der Freiheit«, »klassenlose Gesellschaft« sie – und da ist sie sicherlich nicht die Einzige – nicht anzieht, sondern vielmehr abstößt. Zu oft haben diese großen Worte sich als leere Hülse herausgestellt, als ungeeignet für das, was sie unter »praktisch« verstand. Das Weitreichende ist in diesem Fall gerade das Unpraktikable.

Mir fällt dabei eine vielsagende Geschichte ein: Ein Student geht, wie das eine Zeit lang üblich war, in die Fabrik, um den Arbeiterinnen das *Kapital* zu erklären. Als er mit seiner Erklärung zu Ende ist, will er wissen, ob sie ihn verstanden haben. Er fragte sie also nach dem,

Den Direktor heiraten

was sie tun können. Die Antwort einer der Arbeiterinnen: den Direktor heiraten. Sie hatte verstanden: Das weitreichende Ziel einer radikal anderen Gesellschaft war für sie unvorstellbar; die Chance, den Direktor heiraten zu können, war zwar auch klein, aber doch vorstellbar. Wir radikal Denkenden unterschätzen oft, wie im Denken der meisten Menschen für die Vorstellung einer »anderen Welt« kein Ort ist. Ihnen mit einer Utopie zu kommen, stößt auf Unverständnis.

Vom Handeln kann man nicht in Ist-Sätzen reden

Aber Du hast recht, mein sich auf Margit und Gremliza beziehender Satz: »Für mich machen sie die Welt menschlicher, einfach weil sie da sind, so wie sie sind«, war unglücklich formuliert. Denn vom Handeln lässt sich nicht in »Ist-Sätzen« reden. Handeln ist per definitionem dynamisch, auch wenn das Ziel »nur« das Naheliegende ist: jemandem in Not zu helfen. Und beweist nicht Dein Beispiel von Deinen Studenten, deren Stimmungslage sich sichtbar ändert, wenn Du von Deinem konkreten »Gerechtigkeitshandeln« erzählst, dass das konkrete, unmittelbar sichtbare Tun die Kraft in sich trägt, zum Handeln zu bewegen?

Freud lässt grüßen!

Lenin hilft 2: Eine aussichtslose Situation in eine perspektivvolle »drehen«

Und, weil ich jetzt bei den Studenten bin und bei meinem Beispiel, wie ich einem meiner Studenten geholfen habe, indem ich ihm mit meinem Imperativ kam: »Du sollst dich nicht hängen lassen!« Ich musste ihm so streng kommen, weil er ja im Begriff war, sein Studium hinzuschmeißen. Und: Ich habe ihm auch eine Alternative geboten, nämlich sich in seinem Studium auf Lenin zu konzentrieren im Wissen darum, dass sich eine aussichtslose Situation in eine perspektivvolle ändern kann. Was natürlich auch nicht garantiert ist! Wenn die Kritische Psychologie uns einen solchen Ratschlag verbietet, spricht das nicht unbedingt für die Kritische Psychologie. Menschen das Richtige zu raten – in einmaligen, unwiederholbaren Situationen – erfordert eine Sensibilität, für die es keine festgelegten Regeln gibt. Improvisieren ist geboten. Erfolg ist nicht gewährleistet. Ich aber habe mit

Erfolg ist das Einzige, das zählt

meiner Strenge dem Studenten geholfen, und das ist das Einzige, das zählt.

Handlungsfähigkeit 4: Ein suspekter Begriff

Deine von der Kritischen Psychologie herkommende Ablehnung des guten, weil effektiven Rates an meinen Studenten bringt mich dazu, noch einmal (zu) kurz meine Position zur therapeutischen Brauchbarkeit der Kritischen Psychologie bzw. der freudschen Psychoanalyse zu formulieren. Wie Du weißt, ist mir die Kritische Psychologie wegen ihrer vehementen Betonung der Handlungsfähigkeit immer suspekt geblieben – wobei ich zugeben muss, mich zu wenig mit ihr beschäftigt zu haben, um wirklich sachverständig über sie zu urteilen. Ich bezweifle nicht, dass sie eine Methode bietet, Menschen handlungsfähiger zu machen. Nur das ist doch klar: dass Handlungsfähigkeit nicht bei allen Menschen vorausgesetzt und auch nicht bei allen Menschen geweckt werden kann. Dass alle Menschen einmal handlungsfähig werden, ist eine Utopie, deren Verwirklichung theoretisch so wenig ausgeschlossen ist, wie sie für sicher gehalten werden kann. Ihre therapeutische Brauchbarkeit ist deshalb begrenzt.

Sehnsucht nach einem herrschaftsfreien Leben

Die Psychoanalyse habe ich, solange ich mich mit ihr beschäftige, immer als eine kritische Theorie der *Gesellschaft* verstanden, und das nicht nur aufgrund von Freuds explizit auf die Kultur bezogenen Schriften wie *Das Unbehagen in der Kultur* ([1930] 1982), sondern ebenso wegen seiner *Vorlesungen zur Einführung in die Psychoanalyse* [1916/17] 1982). Denn in diesen wird klargemacht, dass das Subjekt, schon bevor es sich dessen bewusst werden kann, über die Eltern oder die »Älteren« durch die Gesellschaft überdeterminiert ist: von der ödipalen Konstellation; im Netz von Herrschaft und Unterordnung gefangen, ein Leben lang in der Sehnsucht nach einem herrschaftsfreien Leben frustriert von einem Über-Ich, das schon in seinem Unbewussten die Sucht nach Herrschaft oder die Bereitschaft zur Unterwerfung gefestigt hat – obwohl Deleuze und Guattari in ihrem *Anti-Ödipus* (1974) auf den »verrückten Onkel«, der die ödipale Konstellation heilsam in Verwirrung bringt, hingewiesen haben. Allmächtig ist auch diese tiefverwurzelte Ordnung nicht. Die Psychoanalyse kritisiert eine Gesellschaft, die Menschen effektiv daran hindert, frei, gleich und geschwisterlich zu sein. Bisher ist ihre Kritik so wenig angekommen wie die marxsche – die Geschichte der bisherigen Gesellschaft ist eine Geschichte von verlorenen Klassenkämpfen, so wie die Geschichte der bisherigen Gesellschaft eine Geschichte von verlorenen Geschlechterkämpfen ist. Verloren, weil die feministische wie die Schwulenbewegung wie auch die sogenannte LGBTQ+-Community von inneren Streitigkeiten geplagt werden, in denen der Kampf um die Macht nicht die geringste Rolle spielt. Aber ohne diese Kritik, die marxsche wie die freudsche, greift der Protest gegen diese verkehrte Welt von vorneherein zu kurz.

Frei, gleich und geschwisterlich

Ohne Marx und Freud greift der Protest zu kurz

Für die therapeutische Praxis jedoch gilt es, Menschen, die mit dem Leben nicht mehr fertigwerden, zu helfen, sich wieder zurechtzufinden. Die Aufgabe ist, sie erst mal in die herrschende Ordnung zu integrieren, damit sie in der Lage sind, gegen diese Ordnung zu opponieren. Diese therapeutische Praxis hat mit der Psychoanalyse wenig zu tun, auch wenn sie sich als solche verstehen will. Und ihre »Methode« ist, wie gesagt, eine der Improvisation.

Noch einmal: mein Kant

Genug der Psychologie. Jetzt zur Philosophie. Ich kann Deine harsche Kritik an »meinem« Kant nicht einfach auf sich beruhen lassen. Er mag dann nicht durch Friggas Küche gegangen sein und wegen Deiner proletarischen Herkunft bei Dir keine Auftreffstruktur gefunden haben; das heißt aber noch lange nicht, dass er als Vertreter eines »elfenbeintürmerischen Intellektualismus« abgetan werden kann. Dasselbe gilt übrigens auch für Habermas. Ich finde zwar wie Du, dass er mit seiner Sprache alles dazu tut, nicht verstanden zu werden. Aber ich stelle fest, dass Wolf Fritz Haug in seinem schönen Essay Habermas' *Auch eine*

Geschichte der Philosophie (Haug 2022) durchaus Positives abgewinnen kann: »Für uns, die wir uns im nicht weniger ›waghalsigen‹ Projekt des *Historisch-kritischen Wörterbuchs des Marxismus* in einiger Hinsicht parallel bewegen, ist seine Zeitreise [gemeint ist *Auch eine Geschichte der Philosophie*] und sind deren Mitbringsel nun aber weder ›überflüssig‹ noch ›unnütz‹ oder ›zwecklos‹« (ebd., 577). Aber ich wollte von Kant reden. Die Kant-Zitate, die Du aus Horkheimers »Die Juden und Europa« bringst, sind schrecklich und bestätigen, aus dem Zusammenhang gerissen, das Bild eines reaktionären Kant, dessen Pflichtbegriff in der Tat von progressiv gesonnenen Menschen, wie wir es sind, nur empört abgelehnt werden kann. Man soll aber den Zusammenhang betrachten, den innertextuellen und den gesellschaftlichen. Die Zitate stammen aus der zweiten Auflage (1798) der *Metaphysik der Sitten*, und zwar aus dem Teil »Das Staatsrecht«. §46 beginnt mit einigen grundsätzlichen Bestimmungen: »Die gesetzgebende Gewalt kann nur dem vereinigten Willen des Volkes zukommen [...] Also kann nur der übereinstimmende und vereinigte Wille aller, so fern ein jeder über alle und alle über einen jeden ebendasselbe beschließen, mithin nur der allgemein vereinigte Volkswillen gesetzgebend sein« (Kant 1983d, 432). Und: »Die zur Gesetzgebung vereinigten Glieder einer solchen Gesellschaft [...] heißen Staatsbürger und die rechtlichen, von ihrem Wesen (als solchem) unabtrennlichen Attribute derselben sind gesetzliche *Freiheit*, keinem anderen Gesetz zu gehorchen, als zu welchem er seine Bestimmung gegeben hat – bürgerliche *Gleichheit*, keinen Oberen im Volk, in seiner Ansehung seiner zu erkennen, als nur einen solchen, den er eben so rechtlich zu verbinden das moralische Vermögen hat, als dieser ihn verbinden kann [...] das Attribut der bürgerlichen *Selbständigkeit*, seine Existenz und Erhaltung nicht der Willkür eines anderen im Volke, sondern seinen eigenen Rechten und Kräften, als Glied des gemeinen Wesens verdanken zu können, folglich die bürgerliche Persönlichkeit, in Rechtsangelegenheiten durch

Kants Pflichtbegriff ist nicht ohne weiteres abzulehnen

keinen anderen vorgestellt werden zu dürfen« (ebd.). Ein für Kant typischer langer Satz; aber es ist klar, welche Staatsform Kant hier meint: die der bürgerlichen Revolution. Nur dass anstelle der Brüderlichkeit die Selbstständigkeit steht, die den Bürger (und sein Eigentum!) gegen eine »wilde, gesetzlose Freiheit« (ebd., 434) schützen soll. Es ist eben eine *bürgerliche* Revolution. Das erklärt auch die Einschränkung des Rechts, eine bürgerliche Persönlichkeit zu sein: »Der Geselle bei einem Kaufmann, oder bei einem Handwerker, der Dienstbote [...]; der Unmündige; alles Frauenzimmer, und überhaupt jedermann, der nicht nach eigenem Betrieb, sondern nach der Verfügung anderer [...] genötigt ist, seine Existenz [...] zu erhalten, entbehrt der bürgerlichen Persönlichkeit« (ebd., 433). Dass es die (kapitalistisch formierten) gesellschaftlichen Verhältnisse sind, die es Menschen unmöglich machen, frei zu sein, hat Kant nicht gesehen – oder nicht sehen wollen. Dann erst folgen die Sätze, die Horkheimer zitiert.

Selbständigkeit statt Brüderlichkeit

Domenico Losurdo weist in seinem *Immanuel Kant. Freiheit, Recht und Revolution* (1987) darauf hin, dass Kant, wo er (nicht dem Bürger, sondern) dem Untertan das Recht abspricht, sich der »jetzt herrschenden Autorität zu widersetzen« (ebd., 438), kontextuell zu lesen ist: Es ist die von reaktionären Aufständen bedrohte französische Republik, das Staatswesen, in dem Freiheit, Gleichheit und Selbständigkeit die allgemein herrschenden Prinzipien sind, der das Recht zuerkannt wird, sich gegen Aufstände, die die Revolution rückgängig machen wollen, rücksichtslos zu behaupten. Was der Staat tut, ist das Allgemeininteresse durchsetzen gegen Bewegungen, denen es nur um bestimmte, partikulare Ziele zu tun ist. Unbedenklich ist das nicht. Ich muss dabei an die Logik denken, dass in der DDR Arbeiter nicht streiken konnten (obwohl sie es laut Verfassung durften), weil sie dann gegen ihren eigenen Staat gestreikt hätten. Dass Kant aber, indem er den »Untertanen« das Recht abspricht, gegen den Staat aufzustehen, nicht einem reaktionären Staat das Wort redet, stellt er im folgenden Satz klar: »Übrigens, wenn eine

Reaktionäre Aufstände bedrohen die französische Republik

Arbeiter konnten in der DDR nicht streiken, durften aber

Revolution einmal gelungen, und eine neue Verfassung gegründet ist, so kann die Unrechtmäßigkeit des Beginnens und der Vollführung derselben die Untertanen von der Verbindlichkeit, der neuen Ordnung der Dinge sich, als gute Staatsbürger, zu fügen, nicht befreien, und sie können sich nicht weigern, derjenigen Obrigkeit ehrlich zu gehorchen, die jetzt die Gewalt hat« (ebd., 442). Eine Revolution bewegt sich per definitionem außerhalb der Verfassung der bis dahin herrschenden Ordnung (z. B. eine sozialistische, indem sie das Recht auf Privateigentum »aufhebt«). Sie schafft ja eine radikal andere, neue und – nach Kant – vernünftige Ordnung. Hat sich diese aber etabliert, dann ist es den »guten Staatsbürgern« geboten, sich dieser Ordnung zu fügen – eben weil sie vernünftig ist.

Deine Abneigung gegen »Pflicht«, »Gebot« und »sich fügen«

Ich weiß, Deine Abneigung gegen »Pflicht«, »Gebot« und »sich fügen« ist unüberwindbar. Aber sie war für mich produktiv, und dafür danke ich Dir. Denn indem Du mich gezwungen hast, mich noch mal mit der Aufklärung in der Gestalt Kants auseinanderzusetzen, ist mir bewusst geworden, wie wichtig dieser für mein Selbstverständnis als linker Intellektueller in der heutigen Zeit ist. Er macht klar, wie vernünftig es ist, den Humanismus mit dem Gebot zu begründen: »Handle so, dass du die Menschheit sowohl in deiner Person, als in der Person eines jeden andern jederzeit zugleich als Zweck, niemals als Mittel brauchest«, weil alle anderen Begründungen psychischer oder sozialer Art letztlich nicht halten. Es ist, finde ich, bezeichnend, dass, wie ich in meinem vorigen Brief schon schrieb, auch Marx »die Lehre« (also die Theorie), »dass der Mensch das höchste Wesen für den Menschen sei«, gleichsetzt mit dem »kategorischen Imperativ« (also der Praxis), »alle Verhältnisse umzuwerfen, in denen ...« – wie oft werden Du und ich (z. B. in meinen Predigten) diesen Satz schon zitiert haben! Und zu Recht!

Alle Verhältnisse umzuwerfen, in denen ...

Als ich im Rahmen meines Lehrauftrags eine Vorlesung über die Geschichte der Theologie im 19. und 20. Jahrhundert zu halten hatte (auf Niederländisch veröffentlicht als *Protest gegen eine verkehrte Welt. Eine Geschichte der protestantischen Theologie im 19. und 20. Jahrhundert in Europa*), fing ich an mit einem Kapitel »Der Widerspruch von Bourgeois und Citoyen«, worin es mir vor allem um die *Dialektik der Aufklärung* ging, aber am Ende des Kapitels betonte ich doch: »Was dieses Denken [der Aufklärung] sich weigerte zu akzeptieren, ist, dass die bourgeoise Gesellschaft wirklich aller Weisheit Schluss sein sollte«. Und ich zitierte Kants Protest gegen die »ungesellige Geselligkeit« (Kant 1971c, 37) dieser Gesellschaft!

Pflichtvergessen, heimatverloren?

Du bekennst Dich in Deinem letzten Brief noch mal zu der, wie Du meinst, Unbrauchbarkeit eines Begriffs wie »Pflicht«: »Es gibt einfach Begriffe, die durch die Verwendung in der Nazizeit oder durch ihr Bedeutungsfeld nicht ›in die Kommune entführt‹ werden können [...]. Pflicht gehört dazu, ebenso wie Heimat.« Hier muss ich doch kräftig protestieren. Sicherlich können diese Begriffe nicht unkommentiert verwendet werden. Ihr Gebrauchswert ist ja gründlich korrumpiert. Aber das gilt für viele Begriffe. Wie verschlissen ist inzwischen das Wort »Solidarität«; wie gut kann die Reaktion die Begrifflichkeit Gramscis (kulturelle Hegemonie!) für ihre Strategie nützen; wie sehr hat der organisierte Marxismus »die Diktatur des Proletariats« pervertiert. Sollten wir deshalb auf diese Begriffe »einfach« verzichten? Und wie ist es mit »Heimat«? Lese ich Deinen so treffsicheren Artikel »Heimat« im HKWM, dann trifft mich gerade Dein dialektischer Umgang mit diesem Begriff. Da ist es eine »umkämpfte Metapher [...], bei de[r] das ›Unabgegoltene‹ ebenso wie das ›Überholte‹ eine Mischung eingehen, die [zwar, DB] den Begriff für Befreiungspolitik schwierig macht. [Aber, DB] Gerade darum ist sie [...] ein Kampfplatz«. Und Du schließt mit dem ebenso militanten Satz: »Der Heimat-Begriff ist widersprüchlich wie die Verhältnisse selbst. Ob und wie Heimat als eman-

Korrumpierte Begriffe

Der Heimatbegriff ist widersprüchlich wie die Verhältnisse selbst

zipatorischer Begriff genutzt werden kann, [...] ist stets neu auszufechten« (Weber 2004, 54). Fehlen tat mir nur der letzte Satz aus Blochs *Prinzip Hoffnung*: »Die Wurzel der Geschichte aber ist der arbeitende, schaffende, die Gegebenheiten umbildende und überholende Mensch. Hat er sich erfasst und das Seine ohne Entäußerung und Entfremdung in realer Demokratie begründet, so entsteht in der Welt etwas, das allen in die Kindheit scheint und worin noch niemand war: Heimat« (1959, 1628). Er gehört zu den schönsten Sätzen, die ich in meinem inzwischen langen Leben gelesen habe. Er ist natürlich total »over the top«, aber ohne ihn wäre ich ein ärmerer Mensch gewesen.

Hinter der Maske des Humanismus: Faschismus

Faschismus als herrschende Ideologie des Westens

So wie wir uns in der Bewertung von Pflicht und Gehorsam wohl nie treffen werden, so sehr treffen wir uns in der Erkenntnis des Faschismus als herrschender Ideologie gerade in der sich als »Wertegemeinschaft« verstehenden westlichen Welt. Nur die sogenannten extrem rechten Parteien wie die AfD als faschistisch zu bezeichnen (was den meisten Meinungsmachern übrigens wieder zu »extrem« ist), greift daneben. Eine Schwierigkeit bei der Verwendung des Begriffs ist jedoch, dass der (deutsche und italienische) Faschismus eindeutig die Demokratie bekämpfte und den Ausschluss Fremder in seiner Verfassung festschrieb, wogegen der heutige Faschismus sich ausdrücklich zu Demokratie und den universalen Menschenrechten bekennt. Ist der »klassische« Faschismus ohne Wenn und Aber barbarisch, so versteckt sich der heutige raffiniert hinter seiner freiheitlich-demokratischen Maske. Sicherlich ist seine Praxis beweisbar barbarisch. Wir leben in einer rassistischen (Migration), sexistischen (Misogynie und Homophobie) und naturverachtenden Gesellschaft. Aber es ist notwendig, diesen Faschismus in seinem ideologischen Kern zu treffen. Das heißt klarzumachen, dass sein angeblicher

Der heutige Faschismus versteckt sich hinter seiner freiheitlich-demokratischen Maske

Humanismus oder Liberalismus (beide sind in dieser Ideologie identisch) sich theoretisch auf die Privilegierten beschränkt und deshalb auch praktisch nicht in der Lage ist, ohne Ausnahme für *alle* Menschen zu gelten. In seinem Buch *Freiheit als Privileg. Eine Gegengeschichte des Liberalismus* (2011) hat Domenico Losurdo das überzeugend klargemacht. Die Grenze, die dieser Humanismus sich selber auferlegt hat, ist die Humanität der bürgerlich-kapitalistischen Gesellschaft, die sich definiert über »[d]ie Erklärung der Rechte des Menschen und des Citoyen [nicht des Bourgeois!]«, aber im letzten Artikel nimmt sie dieses Recht mit der Heiligung des Eigentums wieder zurück: »das Eigentum [ist] ein unverletzliches und heiliges Recht, [es] kann niemandem genommen werden«. Zwar folgt darauf ein »Wenn«: »wenn es nicht die gesetzlich festgelegte, öffentliche Notwendigkeit augenscheinlich erfordert und unter der Bedingung einer gerechten und vorherigen Entschädigung«. Und daran wird die Enteignung der Enteigner hoffnungslos scheitern. Denn wie könnte je eine Regierung z. B. Amazon »entschädigen«?

Wie könnte eine Regierung Amazon entschädigen?

Zu bedenken ist auch, dass der Begriff des Humanismus selbst eine offene Flanke zum Unmenschlichen hat: Der Mensch ruft, ehe man es sich versieht, den Unmenschen hervor, jenen Menschentyp, der es nicht verdient, Mensch genannt zu werden – oder es noch nicht verdient und vom wahren Menschen dazu erzogen werden soll, indem er selbstverständlich erst mal dessen Überlegenheit anerkennt (die Leitkultur lässt grüßen). Es lohnt sich, solch subtilen – und oft auch gar nicht so subtilen – Überlegenheitserklärungen auf die Spur zu kommen. In ihnen offenbart sich schon ein faschistischer Geist.

Überlegenheitserklärungen

Deine Befürchtung, wir könnten wieder Zielscheiben »dieser neuen Nazis und ihrer Helfershelfer in Staat und Gesellschaft« werden, klingt zwar weit hergeholt (sind wir dafür nicht zu irrelevant?), aber es scheint im Lichte des überall stattfindenden Rechtsrucks auch wieder nicht so unwahrscheinlich. Und ich erinnere mich, dass, als ich,

Zielscheibe der neuen Nazis sind wir »dreckige Kommunisten«

es muss 1974 gewesen sein, ein Wahlplakat der Kommunistischen Partei in meinem Fenster hängen hatte, das Fenster mit Schmutz beworfen wurde und auf unserer Garagentür mit großen Buchstaben geschrieben stand: Dreckige Kommunisten! Auch ich mache mir darüber keine Illusionen.

Simchat Tora!

Zum Schluss komme ich zurück auf meine Frage: Was heißt heute »Tora tun«? Nun ist Tora ein Fremdwort und braucht eine Übersetzung. Deine Rede von »Gerechtigkeitsarbeit« ist eine solche Übersetzung, jedenfalls verstehe ich sie so. Denn es kann natürlich nicht bewiesen werden, dass das Gute tun sich von der Tora herleiten muss. Plausibel ist dies nur für die durch das Judentum und seine christentümliche Fortsetzung (und Fälschung!) geprägte Kultur. Kant ist in der Tat ohne diese Prägung undenkbar. Man könnte ihn mit gutem Recht als »jüdischen« Denker bezeichnen, wie es ein niederländischer Theologe getan hat. Man kann aber nicht behaupten, das Konzept der Gerechtigkeit als oberstes Prinzip der Ethik sei spezifisch jüdisch oder christlich, wie derselbe Theologe meint – z. B. gegen den Islam, der angeblich nur das Fatum, kein Gebot kenne. Aber das wäre Thema eines neuen Briefwechsels.

Was heißt Tora tun heute konkret? Zuerst: Was uns zu tun geboten ist, müssen wir selber (er)finden. Du nennst Deine »Orte des widerständigen Befreiungsdenkens und -handelns: die Partei und meine gar nicht so vielen Freund_innen«. Auch ich kenne solche Orte: ebenfalls die Partei und dann: *Christen für den Sozialismus* und auch das großartige Projekt des *Historisch-kritischen Wörterbuchs des Marxismus*. Aber anders als bei Dir sind es Orte, die es nicht mehr gibt. Als ich 2007 auf Kuba an einer Konferenz teilnahm und mich vorstellte, sagte ich: Ich war Mitglied der Kommunistischen Partei, die gibt es nicht mehr, ich war aktiv in der niederländischen Gruppe

Orte, die es nicht mehr gibt

Christen für den Sozialismus, die gibt es auch nicht mehr, ich engagierte mich in der Christlichen Friedenskonferenz, auch diese gibt es nicht mehr, und ich war Pfarrer in der DDR, die es auch nicht mehr gibt. Nachdem ich das gesagt hatte, wurde mir selber bewusst, wie sehr mein politisches Leben geprägt war von etwas, »was es nicht mehr gibt«. Was bleibt ist Trauer. Was bleibt sind aber auch meine gar nicht so wenigen Freundinnen und Freunde. Ohne sie wäre ich nicht der Mensch, der ich immer noch bin: ein Militanter, der die Protestation gegen das Elend nicht lassen kann, dessen Trauer sich mischt mit der Empörung über alles, was in dieser Welt verkehrt ist. Unser Briefwechsel bezeugt das. Und auch schreiben ist »Tora tun«.

Was bleibt ist Trauer

Auch das »selber finden« ist insofern *Tora* tun, dass es im *Geiste* der Tora getan wird. Aber die Tora ist nicht nur eine »geistige« Angelegenheit. Sie ist Materie, hat einen Inhalt. Tora tun heißt also zuerst: dieser materiellen Tora entsprechend handeln. Und was der Tora entspricht, muss man erkennen lernen. Denn es ist nicht von vorneherein klar, was die Tora sagen will. Das war immer schon so: Die Tora hat immer Schriftgelehrte gebraucht, die sie erklärt haben. Aber heutzutage erfordert dies, die Tora aus dem Damals einer auf Sklaverei beruhenden Tributgesellschaft in das Heute einer ganz anderen Gesellschaft, der bürgerlich-kapitalistischen, zu übersetzen. Diese Übersetzung habe ich probiert in meiner *Erlösung aus der Sklaverei. Versuch einer biblischen Theologie im Dienst der Befreiung* (2008). In meinem vorigen Brief war von ihr schon die Rede. Auch in meinem in diesem Buch abgedruckten »Immer noch Christen für den Sozialismus. Gedanken zu 50 Jahre CfS« biete ich eine kurze Präzisierung der Tora in der Sprache unserer Zeit, wenn auch in einer Sprache, die selber schon wieder aus der Zeit gefallen zu sein scheint. Besser kann ich es auch in diesem Brief nicht sagen. Deshalb kann ich mein Versprechen, in diesem Brief die Frage nach dem Tun von Tora näher zu erörtern, nicht halten.

Tora ist keine Leertaste, sondern eine Wegweisung

Lieber komme ich noch mal zurück auf Deine Aversion gegen den Begriff der Pflicht. Es könnte sein, dass ich zu wenig deutlich gemacht habe, dass Pflicht sich bezieht auf das, was in der Tora geboten wird. Die Tora ist keine Leertaste, sondern eine Wegweisung – Rosenzweig und Buber übersetzen in ihrer Verdeutschung der jüdischen Bibel Tora denn auch mit »Weisung«. Sich dieser Wegweisung verpflichtet zu wissen, war dem Judentum Grund zur Freude. Denn diese Weisung atmete ja Befreiung! Zu den großen jüdischen Feiertagen gehört *simchat Tora* (die Freude der Tora). Diesen Feiertag kennt das Christentum bezeichnenderweise nicht. Es hat die Tora diffamiert als das »Gesetz«, das dem Menschen seine Sündigkeit einbläut, ihm den aufrechten Gang madig macht. Simchat Tora! War der Arbeiterbewegung das Gebot »Proletarier alle Länder, vereinigt euch!« nicht auch ein Grund zur Freude?

So weit.

Dick Boer, Jahresschluss-Vers 2023

27.12.2023

könnte es das sein, das glück:
mag das fleisch noch angehen
(ich darf nicht klagen)
der geist zu schwach
sich noch zu wehren
gegen die ruhe die winkt
am ende des tunnels
sich beruhigen, dass
die dinge nun mal sind wie sie sind

die tage pflückend
solange es noch geht
dann und wann kurz aufblickend
wenn wieder mal krieg ist
ein gletscher wegschmilzt
ein wald brennt

ach ja, es ist was
aber was schrieb ich:
bekennen wir unseren unglauben!
wir glauben nicht
an die götter dieser welt
an die dreieinigkeit gott-kapital-markt
wir glauben nicht
dass der mensch nach dem bilde von
google, facebook und amazon
der wahre mensch ist

wir glauben nicht
an den ungeist des »jeder für sich«
und die menschen die dabei unter die räder geraten
können sehen wo sie bleiben
wir bekennen unseren unglauben!
und was ich geschrieben habe, habe ich geschrieben

DIE BEITRÄGE

Immer noch Christen für den Sozialismus – Gedanken zu 50 Jahre *Christen für den Sozialismus* CfS[9]

Dick Boer

Christen für den Sozialismus, das heißt für mich die niederländische Bewegung *Christenen voor het Socialisme*. Ebenfalls vor fünfzig Jahren gegründet, hat sie sich 1990 aufgelöst. Die deutsche Bewegung *Christen für den Sozialismus* hat das gottseidank nicht getan, und deshalb darf ich hier meiner Geschichte als Christ für den Sozialismus gedenken. Gedenken bedeutet aber immer auch vergegenwärtigen: Was haben wir uns dabei gedacht, als wir öffentlich erklärten, Christen für den Sozialismus sein zu wollen, was haben wir uns damals erhofft, und was ist aus unserer Hoffnung geworden? Das erkenntnisleitende Interesse soll dabei die Praxis sein: Wir gedenken, damit wir erkennen, was unsere Aufgabe heute ist. Damit kommt auch die Zukunft in den Blick: die Zeit, die wir noch haben, um zu tun, was uns zu tun aufgegeben ist.

Noch haben! Denn es wird uns, nehme ich an, inzwischen klar geworden sein, dass die Zeit dabei ist, uns davonzulaufen. Wie viel Zeit haben wir noch, die schon stattfindende Klimakatastrophe so zu modifizieren, dass die Welt einigermaßen bewohnbar bleibt?

Ich kann in meinem Vortrag natürlich nur für mich sprechen. Sobald ich anfing, mich für Politik zu interessieren (das wird schon in meiner frühen Pubertät gewesen sein), war ich Sozialist. Sozialismus war für mich einfach vernünftig – auch wenn dieses Wort damals wahrscheinlich noch nicht zu meinem Wortschatz gehörte. Eine Ökonomie, in der wenige viel, die meisten aber wenig haben, empfand ich als ungerecht. Eine gerechte Ökonomie basiert auf Gemeineigentum statt auf Privateigentum. Das war noch ziemlich kindlich gedacht: Sozialismus

9 Vortrag auf dem CfS-Intensivseminar am 6. Oktober 2023 in Bad Hersfeld.

oder Kommunismus, um mit Brecht zu sprechen, als die einfache Wahrheit. Dass sie aber auch schwer zu machen ist, wurde mir erst später bewusst – trotzdem bin ich bei dieser einfachen Wahrheit geblieben. Auch von meinen Eltern und meinem Pfarrer wurde mir schon früh vermittelt: Ein Christ ist links. Ich war sozusagen: ein Christ für den Sozialismus avant la lettre. Später wurde dann noch der real existierende Sozialismus in der Gestalt der DDR Teil meiner theopolitischen Biografie: Meine Frau stammt aus ihr und ich war dort sechs Jahre als Pfarrer tätig.

Ich spreche für mich. Was ich euch biete, sind persönliche, durch meine Biografie geprägte Gedanken. Ob sie auch hilfreich sind? Darüber habe ich nicht zu befinden. Ich kann nur das Schlusswort aus Marx' *Kritik des Gothaer Programms* zitieren: *Dixi et salvavi animam meam*, sinngemäß übersetzt: Ich habe meine Pflicht erfüllt. Mehr kann man von einem Menschen nicht verlangen.

Was haben wir uns dabei gedacht, als wir 1973 öffentlich erklärten, Christen für den Sozialismus sein zu wollen?

Wir mussten erst mal definieren, was das konkret heißt: ein Christ bzw. ein Sozialist zu sein. Unsere Definition war, könnte man sagen, »materialistisch«: Ein Christ ist jemand, der zur Kirche gehört, und ein Sozialist ist in der Arbeiterbewegung organisiert. Diese materialistische Selbstbestimmung richtete sich gegen ein abstraktes, ahistorisches Konzept eines »christlich-religiösen Sozialismus« der schönen Seelen. Wir wollten, um mit Karl Barth zu reden, »mitschuldige Genossen« innerhalb der sozialistischen Bewegung sein.

Wohl stand am Anfang die Frage: Ist innerhalb der Arbeiterbewegung auch die Kommunistische Partei eine legitime Option? In links-christlichen Kreisen war das ein Tabu. Wir erklärten, dass ein Christ für den Sozialismus auch Kommunist sein kann. Denn der radikalere Teil der Arbeiterklasse wählte nun mal die Kommunistische Partei, und sie war deshalb ein unverzichtbarer Bündnispartner. Ihre »Kriminalgeschichte« (Stalinismus) durfte zwar nicht negiert werden (und wer Kommunist wird, wird mitschuldig), aber die Geschichte der KP konnte auch nicht auf sie reduziert werden. Zu dieser Geschichte gehörten auch ihre Rolle im antifaschistischen Widerstand und der Kampf gegen den Kolonialismus. Viele CfSler, auch ich, wurden Mitglied der KP. Diese Entscheidung für die KP hatte auch Demonstrationscharakter: in der Kirche zu zeigen, ein Christ kann Kommunist sein. Anders gesagt: Neben der reformistischen Sozialdemokratie gibt es eine antikapitalistische Alternative.

Keine Frage war noch, ob die Arbeiterbewegung die einzige ernst zu nehmende Gegenbewegung war, der Kapitalismus das einzige Hindernis auf dem Weg zu einer Gesellschaft, in der alle Menschen frei und gleich sind. Für uns zählte vor allem: Wir sind keine Arbeiter, standen im Klassenkampf nicht automatisch auf der richtigen Seite. Von uns wurde Klassenverrat gefordert. Eigene Unterdrückungserfahrungen durften keine Rolle spielen.

Erst später wurde uns bewusst: Auch unter uns befanden sich Menschen, die am eigenen Leibe erfahren mussten, »erniedrigte und verächtliche Wesen« zu sein: Frauen und Schwule. Sie sollten im Laufe der Zeit eine immer wichtigere Rolle spielen und das Konzept der Gegenbewegung bereichern: Es gibt nicht *die* Bewegung, sondern eine Vielzahl von Bewegungen, die zusammenfinden müssen, um mit vereinten Kräften die herrschende Ordnung aus den Angeln zu heben. So weit die Positionsbestimmung innerhalb der Arbeiterbewegung bzw. später in den Gegenbewegungen.

In der Positionsbestimmung innerhalb der Kirche spielte die Theologie wenig überraschend eine dominante Rolle. In unserer Informationsbroschüre (1980) wurde dazu gesagt: »Wir wollen die ganze Kirche auf die biblische Erkenntnis ansprechen, dass Gott sich eindeutig selber erwählt hat als einen Gott, der die Unterdrückten befreit. Das ist keine Einseitigkeit, der man mit genauso viel Recht eine andere Seite gegenüberstellen könnte. Sie ist für uns eine Erinnerung an die Einfalt und Einseitigkeit der biblischen Verkündigung«. So von Gott zu sprechen – eindeutig der Gott der Unterdrückten; seine Einseitigkeit – wer kein Fremder im theologischen Jerusalem ist, hört hier eine ganz bestimmte Theologie: den sogenannten Linksbarthianismus, der die barthsche Betonung der Offenbarung als die einzige Quelle der Gotteslehre »von links« las. Gott offenbart sich als das Subjekt einer sozialen Revolution. Eine Barth-Lektüre im Geiste Barths. Denn: Barth war Sozialist (Marquardt).

Diese Dominanz der barthschen Theologie war übrigens in CfS-NL nicht unumstritten. Die römisch-katholische Fraktion war nicht bereit, sich kampflos dieser Dominanz zu unterwerfen. In der Zeitschrift der CfS-NL, *Ophef* (Aufhebung im Sinne von Aufsehen erregen), erschien ein Artikel mit dem Titel »Barth als Hoftheologe von CfS«. Das war kritisch gemeint, aber als Feststellung auch richtig: Barth war der Hoftheologe und er ist es geblieben. Die in der römisch-katholischen Tradition verwurzelte Theologie der Befreiung hat in CfS-NL nie eine große Rolle gespielt.

Wir wurden auch seitens unserer Kritiker befragt: Für welchen Sozialismus seid ihr? Wollt ihr (viele von uns waren ja Kommunisten geworden) so etwas wie den sozialistischen »heilstaat« (ein Begriff übrigens aus dem antikommunistischen Vokabular) im Osten? Nicht selten wurden wir eingeladen, nach drüben zu gehen. Was ich schließlich auch tat, als ich Pfarrer in der DDR wurde. Wir mussten uns näher erklären. Die Informationsbroschüre von 1980 enthielt eine ausführliche Antwort auf die Frage: Welchen Sozialismus wollen wir?

Zuerst erklärten wir: Sozialismus hat mit Sehnsucht zu tun. Was Sozialisten verband, war ihre Sehnsucht nach Erlösung, Erlösung aus der Sklaverei. Der Sozialismus war das Bild dieser Erlösung. In der niederländischen Fassung der *Internationalen* steht der sehnsüchtige Satz: Begeerte heeft ons aangeraakt (Begehren hat uns berührt). In einem Lied aus der Arbeiterbewegung heißt es: Es gilt die Arbeit zu befreien, Erlösung aus der Sklaverei. Das wurde auch zum Titel meiner biblischen Theologie. Besser lässt sich der Kern der biblischen Botschaft nicht zusammenfassen.

Der Sozialismus als Erlösung. Das riecht nach Religion, wenn auch die Erlösung nicht im Jenseits, sondern hier auf Erden gesucht wird. Wir schämten uns dieses »religiösen« Pathos nicht. Gerade darin erkannten wir Christen für den Sozialismus, warum wir als Christen nicht anders konnten, denn Sozialist zu sein. Worauf die Sehnsucht sich konkret richtete, war unterschiedlich: Der Arbeiter sehnte sich nach der Befreiung seiner Arbeit, Frauen nach dem Ende der sexistischen Unterdrückung, Schwule nach dem Ende der heterosexuellen Diktatur, schwarze Menschen nach dem Ende der rassistischen Diskriminierung. Sozialismus ist pluriform, ist mehr als nur Antikapitalismus, mehr als nur Klassenkampf. Aber die Notwendigkeit des Klassenkampfs bleibt: Sozialismus ist immer auch eine andere Produktionsweise, in der die Macht des Kapitals gebrochen ist.

Aber welche Rolle haben in diesen Kämpfen die Christen, die keine Arbeiter, keine Frauen, keine Schwulen, keine Lesben, keine Schwarzen sind? Bleibt ihnen nichts anderes, als ihre eigene Position zu verraten? Sind sie dazu verdammt, Außenseiter zu sein? Aber auch ihnen kann der paulinische Satz (»Es gibt nicht mehr Juden und Griechen, nicht Sklaven und Freie, nicht Mann und Frau; denn ihr alle seid ›einer‹ in Christus Jesus«, Gal 3,28) zur Erinnerung werden an die Sehnsüchte, die sie in sich tragen – statt dass sie sich in ihrem »Körperpanzer« verschanzen (wir waren eifrige Leser von Klaus Theweleits *Männerphantasien*).

Schließlich fokussiert die Antwort auf die Frage, welchen Sozialismus wir wollen, auf den Sozialismus im engeren Sinn: als Produktionsweise. Ausgegangen wird von der klassischen Antwort: Der Sozialismus ist die Gesellschaftsform, die basiert auf dem Gemeineigentum der Produktionsmittel. Diese klassische Antwort hatte auch eine klassische Voraussetzung: Der Sozialismus sei erst möglich, wenn die kapitalistische Produktionsweise alle ihre Entwicklungsmöglichkeiten erschöpft hatte. Der Sozialismus übernahm gleichsam eine hoch entwickelte, (parlamentarisch-)demokratische Gesellschaft. Die soziale Revolution musste dem Kapitalismus nur noch den letzten Stoß versetzen. Die faktischen sozialen Revolutionen (die russische und die chinesische) fanden aber unter der Bedingung einer »nachholenden Modernisierung« statt, in Konkurrenz mit einer ökonomisch, politisch und deshalb auch ideologisch überlegenen kapitalistischen Welt. Diese Revolutionen waren zwar antikapitalistisch, aber ob sie auch sozialistisch waren, ist fraglich. Wir dürfen sie jedoch nicht abschreiben. Unsere Hoffnung ist, dass es sich um einen Noch-nicht-Sozialismus handelt. Und unsere Aufgabe ist es auch, für die Verbesserung der Bedingungen einer sozialistischen Entwicklung dort zu kämpfen.

Aber unser Kampf für den Sozialismus betrifft doch zuerst die westliche Welt. Der Sozialismus, den wir wollen, sollte zuerst unserer Welt eine Perspektive bieten. Die kurzfristige ist: das Ende der kapitalistischen Anarchie, positiv: die Verstaatlichung der wichtigsten Produktionsmittel, die es möglich macht, die Ökonomie so zu planen, dass Arbeitslosigkeit und Kapitalvernichtung aufhören und Existenzsicherheit für alle gewährleistet werden kann. Das klingt heute über die Maßen radikal, aber es gehörte noch nach dem Zweiten Weltkrieg zum Programm der reformistischen Sozialdemokratie.

Die langfristige Perspektive ist, dass nicht länger der Staat der Eigentümer der Produktionsmittel ist, der im Namen der Bevölkerung die Ökonomie sozial plant, sondern diese Planung Sache der Menschen selber ist, eine wirklich demokratische Kontrolle aller Bereiche der Gesellschaft, sodass schließlich der Staat als eine selbständige Instanz gegenüber der Gesellschaft verschwindet. Ja, wir trauten uns noch, das Absterben des Staates mit Marx und Lenin als konkrete Utopie in unser Programm aufzunehmen. Da waren wir entschieden keine reformistischen Sozialdemokraten mehr!

Was hatten wir uns erhofft?

Obwohl CfS-NL eine ganz kleine Minderheit war und die KP, mit der viele von uns verbunden waren, ebenfalls, war die globale Konstellation nicht ohne Hoffnung: Es gab die Befreiungsbewegungen in der sogenannten Dritten Welt, es gab den Eurokommunismus, und auch die Hoffnung auf eine Erneuerung des Realsozialismus hatten wir nicht aufgegeben. Es war die Zeit, in der Massen von Menschen in Bewegung kamen: Kirchentage mündeten in Friedensdemos (Frieden schaffen ohne Waffen), Frauen gingen auf die Straße, um ihre Autonomie einzufordern, der Weltkirchenrat erkannte das Recht auf Revolution an und beschloss den Kampf gegen die Apartheid zu unterstützen, auch wenn dieser Kampf nicht gewaltlos war. Und, und, und.

Wir konnten den Text eines Christen für den Sozialismus von 1919 lesen, als sei er 1973 geschrieben. Was in diesem Text damals über den Sozialismus als »Gleichnis des Gottesreiches« gesagt wurde, war ohne weiteres auch für uns gültig. Ich spreche von Barths Vortrag »Der Christ in der Gesellschaft«, der als unser theologischer Basistext fungierte. Ich zitierte aus ihm schon das Wort über den mitschuldigen Genossen innerhalb der sozialistischen Bewegung. Aber im selben Text werden wir auch als »mithoffende Genossen« angesprochen. Das heißt, für Barth gehören Sozialismus und Hoffnung zusammen: Der Sozialist hofft! Und wie Barth hofften auch wir! Es war nicht die Hoffnung auf das Reich Gottes an sich als eine überhistorische Größe, die gleichsam senkrecht von oben in unsere Wirklichkeit einbrechen würde. Mit unseren sozialistischen Genossen hofften wir, eine sozialistische Gesellschaft schaffen zu können, und konnten wir Versuche dazu nur unterstützen, anstatt sie als menschlichen Übermut zu diffamieren. Wie Psalm 90 betet: Das Werk *unserer Hände*, richte es auf!

Wir waren in dem, was wir erhofften, sogar noch radikaler als Barth. Zwar wollten auch wir den Unterschied zwischen dem Reich der Freiheit als Ergebnis des Werks unserer Hände und dem Reich Gottes respektieren, aber beide Reiche kamen einander viel näher als bei Barth. So nahe, dass manche uns vorwarfen, den Unterschied zwischen beiden zu verwischen. Ein Beispiel dieser Radikalität gibt der Theologe Rinse Reeling Brouwer, einer der Theoretiker der Bewegung. Er kritisiert Barth, weil dieser die kritische Funktion des Reichs Gottes zu konservativ denkt. Zum Beispiel, wo Barth die Möglichkeit der Verwirklichung einer Gesellschaft ohne Staat (in der besagten Informationsbroschüre eine, wenn auch als Fernziel, reale Perspektive) ausdrücklich ablehnt. Diese Utopie zu verwirklichen ist nach Barth dem Reich Gottes vorbehalten. Dieser (eschatologische) Vorbehalt, den wir von Theologen wie Metz und Moltmann kennen, ist Reeling Brouwer zu absolut. Er ruft Barth zu: »Wie ist es nun, Karl, ist das Gottesreich nahe gekommen, ja oder nein?« So nahe gekommen, dass eine Gesellschaft ohne Staat nicht mehr undenkbar ist.

Was nicht wirklich vorgesehen war, war die Niederlage, die die Hoffnung auf den Sozialismus als reale Perspektive gründlich zerstörte. Wer hätte sich vor 1990 vorstellen können, dass nach 1990 die Sowjetunion und die DDR, ja die ganze Welt des Realsozialismus nicht mehr existierte, China sich für den kapitalistischen Weg entschied, Kuba um sein Überleben kämpfte und Nordkorea sich nur durch den Besitz von Atomwaffen behaupten konnte? Wir lebten, um mit Ton Veerkamp zu reden, in einem messianischen Jahrhundert. Oder müssen wir, aber das ist schon rückblickend gesprochen, sagen: Wir *glaubten* in einem messianischen Jahrhundert zu leben?

Ungebrochen war mein Messianismus übrigens nicht. Ich wusste von den schrecklichen Verbrechen, die der Realsozialismus begangen hatte und die man nicht rechtfertigen konnte mit der Härte des internationalen Klassenkampfes. Ich wusste, was es hieß, ein mitschuldiger Genosse zu sein.

Was ist aus unserer Hoffnung geworden?

Die »Wende« – für die, nun erst recht, herrschende Ordnung das glückliche »Ende der Geschichte«, wie Fukuyama triumphierend schrieb – war für mich das Ende einer Welt, von der ich gehofft hatte, sie würde das Zeitalter des Sozialismus sein; wenn auch zunehmend nicht ohne Furcht und Zittern. Carl Ordnung und Renate Wind erinnerten sich, dass ich schon zwei Jahre vorher die Möglichkeit einer solchen Niederlage angesprochen hatte.

Ich wusste mich aus meiner Not nur noch zu retten, indem ich meine Hoffnungslosigkeit radikalisierte. Im letzten Heft von *Politik und Kultur*, der Theorie-Zeitschrift der KP (die sich bald danach auflöste), schrieb ich: Der Sozialismus ist utopisch (ein Nicht-Ort) geworden. Barths »Der Christ in der Gesellschaft« las ich jetzt als das Dokument einer Katastrophe; und ich meinte (mit Barth, der im ebenfalls 1919 geschriebenen »Römerbrief« den Messias als »das Ende des Menschen« bezeichnet, »eine rein negative Größe«) nur noch auf die »unmögliche Möglichkeit« der Auferstehung hinweisen zu können. Wenn noch vom »Gleichnis« die Rede sein kann, dann vom Gleichnis mit dem Gekreuzigten, dem Menschen, der in unserer Welt hoffnungslos verloren geht.

Das war natürlich eine maßlose Übertreibung, eine totalitäre Deutung der Lage, die mit der Niederlage des Sozialismus eingetreten war. Als genügte meine Hoffnungslosigkeit, um die Welt überhaupt verloren zu geben und, wenn auch negativ, das Ende der Geschichte auszurufen. Da war Ton Veerkamp nüchterner: Das Ende des messianischen Jahrhunderts war nicht das Ende *der* Geschichte, sondern das Ende *einer* Geschichte. Zugleich konnten wir nicht vergessen, was wir einmal gehofft hatten. Nicht vergessen die Großen Erzählungen der Bibel, der Revolution von Freiheit, Gleichheit und Geschwisterlichkeit, des Sozialismus. Wie sollten wir auch? So leicht lassen sich die Großen Erzählungen nicht aus unserem kollektiven Gedächtnis wegdenken. Wie ernüchternd die Welt, in der wir nach der Wende gelandet waren, sich uns auch zeigte, irgendwie musste sie immer noch mit der Verheißung der Erlösung aus der Sklaverei zusammenzudenken sein. Ich konnte nicht bei der steilen Behauptung der unmöglichen Möglichkeit der Auferstehung stehen bleiben.

Es gab auch noch die Möglichkeit des Kairos, das unvorhersehbare Eintreten einer Konstellation, die wieder Sicht bot auf eine andere Welt als die zurzeit so aussichtslos herrschende. War nicht auch die Torarepublik in der Zeit von Ezra und Nehemia (Ton nannte es in seinem *Autonomie und Egalität* »die kleine Chance des Nehemia«) ein solcher Kairos gewesen? Und die Jesusbewegung? Waren nicht auch die Revolutionen der Neuzeit, die Französische und die Russische, solche Kairoi? Unsere Aufgabe war dann nur, dafür zu sorgen, die Erinnerung an diese Großen Erzählungen wach zu halten, damit sie, wenn die Gelegenheit (der Kairos) sich bot, die Massen ergreifen konnten. Die Möglichkeit des Kairos wurde Grund der Hoffnung, die Geschichte würde sich noch mal wenden. Und so blieb es mir möglich, »trotz alledem« den biblischen Glauben an eine innergeschichtliche Lösung der anstehenden Probleme der Menschheit, der Verdammten dieser Erde, zu behalten und die Hoffnung nicht außerhalb der Geschichte und nicht außerhalb der Politik zu suchen – im Bereich einer unmöglichen Möglichkeit. Zweifellos rechnet die Bibel ebenfalls mit dieser unmöglichen Möglichkeit: dass Gott senkrecht von oben in die Geschichte eingreift und sie zu einem glücklichen Ende bringt, oder der Messias aus den Wolken herabsteigt, um uns aus dieser grundverkehrten Welt zu erlösen. Hier aber ist der Unterschied zwischen Hoffnung und Verzweiflung hauchdünn geworden.

So hauchdünn, dass mir dieses Setzen auf das »trotz alledem« eines immer noch hoffnungsvollen Glaubens des Guten zu viel wurde. Als ob man die Hoffnung nicht auch *verlieren* könnte. Und dann damit das letzte Wort gesprochen wäre. 2014 hatte ich in einem Interview über »Die Linke und die Religion« noch gesagt: »Es gibt in der Welt der Religion einen ›Störfaktor‹, der die Ohnmacht dort angreift, wo diese übermächtig erscheint. Es ist der Glaube, dass eine andere Welt möglich ist.« 2017 kommentierte ich diese Sätze so: »Doch empfinde ich rückblickend das immer wieder Beschwören des Glaubens – als letzten Widerstand gegen die Verzweiflung, die sich eines bemächtigen kann, wenn die Wirklichkeit ihm alle Aussicht auf ihre Veränderbarkeit nimmt – als zu dreist, um glaubwürdig zu sein. Es klingt zu sehr wie ein ›Gut gebrüllt, Löwe‹, wenn mit einer gewissen Monotonie wiederholt wird: Eine andere Welt ist möglich. Ich übersah, oder wollte übersehen, dass einer den Glauben auch und zwar für immer verlieren kann.« Und Glauben und Hoffnung sind hier eins.

Ich schrieb das, weil die Hoffnung zu verlieren nicht nur mit einer subjektiven Anfälligkeit für eine Depression zu tun hat. Das mag eine Rolle spielen, und ein guter Freund von mir sagte mir, er hätte für Depression kein Talent. Aber wie wohl nie in der Geschichte gibt es dafür auch handfeste objektive Gründe: Der Klimawandel ist wahrscheinlich unumkehrbar geworden, was auf Dauer das Ende einer für Menschen (sowie auch für zahllose Tiere und Pflanzen) bewohnbaren Welt bedeutet, wenn uns nicht schon vorher ein Nuklearkrieg dazwischenkommt. Ich wollte mit dieser deprimierenden Erkenntnis niemandem die Hoffnung nehmen, obwohl das durchaus der Effekt sein konnte. Aber meine Frage war: Was sage ich denen, die die Hoffnung bereits verloren haben? Denen, welche die Rhetorik der Hoffnung eher mutlos macht? Wie diese Rhetorik mich, dem das Verlieren der Hoffnung selber nicht fremd ist, mutlos, ja zynisch macht. Und ich erfuhr, dass Mitglieder meiner früheren Gemeinde (die Niederländische Ökumenische Gemeinde in der DDR) erleichtert waren zu hören, dass man die Hoffnung verlieren darf, dass man deswegen kein schlechterer Christ ist.

Nur konnte ich, auch bei mir selber, feststellen, wie verführerisch es wurde, zu resignieren und sich darauf zu beschränken, das Leben zu genießen, solange es noch geht – wenn denn die materiellen Bedingungen für das Genießen gegeben sind. Da erinnerte ich mich, dass im Judentum gilt: Auch wenn Gott und damit die Hoffnung uns abhandengekommen sind, wir haben die Tora und die bleibende Verpflichtung, sie zu tun. Das Judentum konnte sich zu oft nicht auf seinen Gott verlassen, um zu der Erkenntnis zu kommen: Es hängt von uns ab, ob die Tora erfüllt wird. Diese Erkenntnis hat Ton Veerkamp auch uns Christen beizubringen versucht, als er das Johannes-Evangelium aus dem Zusammenhang des sogenannten Neuen Testaments löste und sich belehren ließ: Es kommt kein Messias mehr. Wir haben nur uns. Ich habe dazu geschrieben: »Es ist kein triumphalistisches ›Uns aus dem Elend zu erlösen, können wir nur selber tun‹. Es ist vielmehr das jüdische ›wer, wenn nicht wir‹, wir mit unseren zweifellos schwachen Kräften«.

Für mich neu sprach der Satz aus dem 1. Korintherbrief: »Jetzt also bleiben Glaube, Hoffnung, Solidarität – diese drei – ihr Größtes aber ist die Solidarität« (13,13). Neu, ich könnte auch sagen: jüdisch, weil ich ihn radikalisierte: Auch wenn Glaube und Hoffnung uns verloren gehen, es bleibt das Gebot der Solidarität. Aus christlicher Sicht zweifellos eine Überinterpretation, aber im Geiste dessen, was gemeint ist: die Solidarität als das, was über Glaube und Hoffnung hinausgeht, weil es dem, was Gott ist, am nächsten kommt. Deshalb ist und bleibt uns auch geboten: Sei solidarisch mit deinem Nächsten, sie ist wie du auf Solidarität angewiesen. Das ist der Kern der Tora: Sei solidarisch mit Gott und, was dasselbe ist, sei solidarisch mit deinem Nächsten.

Also: Tora tun. Das könnte aber genauso ein nichtssagendes Klischee werden wie das immer wieder Beschwören der Hoffnung. Gut, ich versuche es zu präzisieren.

Zuerst ist es eine *ideologische* Kampfansage. Der Gott der Bibel präsentiert sich in der Welt der Götter als der »ganz andere«: als der Gott-der-Menschen-befreit, statt wie ein »normaler« Gott über die Menschen zu herrschen und sie zu unterdrücken. Er definiert sich als das »ich«, das ein Sklavenvolk aus der Sklaverei hinausgeführt hat. Er gebietet nicht, sich ihm zu unterwerfen, sondern schenkt die Tora, die Verfassung einer Gesellschaft ohne Herren und Sklaven. Der ideologische Kampf richtet sich gegen alle Ideologien, die den Menschen zu einem »erniedrigten, geknechteten, verlassenen, verächtlichen Wesen« machen wollen. In biblischer Sprache: Du sollst keine anderen Götter neben mir haben und dir auch selber keine Götter machen. Das heißt: Nichts in der Welt darf vergöttlicht und damit über alle Zweifel erhoben werden. Der Sinn dieses ideologischen Kampfes ist der *politische* Kampf. Denn die Tora ist die Verfassung einer Gesellschaft ohne Herren und Sklaven, von Ton Veerkamp treffsicher Torarepublik genannt. Der ideologische Kampf dient dazu, die Macht der herrschenden Ideen, die doch nur die Ideen der Herrschenden sind, zu brechen. Ideen wie: Natürlich ist eine Ökonomie ohne die »Produktivkraft« Kapital unmöglich, und: Es ist nun einmal so, dass Menschen für eine herrschaftsfreie Gesellschaft nicht geeignet sind, weil sie »von Natur aus« vor allem sich selbst lieben und nicht mit ihren Nächsten solidarisch sein wollen.

Aber die Erfüllung der Tora war schon in der Bibel eine Utopie. Die Torarepublik hat es – vielleicht – nur eine kurze Zeit gegeben (die kleine Chance des Nehemia), und sie war noch weit davon entfernt, eine Torarepublik im vollen Sinn zu sein. Dafür spielten die Priester in ihr eine zu große Rolle. Wir könnten also sagen: Die Torarepublik war vor allem eine Idee. In der realen Welt gab es bestenfalls »Gleichnisse« – in der Neuzeit bis zur Wende das sozialistische Projekt. Den Realsozialismus könnte man dann als eine, wenn auch sehr mangelhafte, Torarepublik bezeichnen, wo statt Priestern die Partei herrschte. Und die es ebenfalls nur eine kurze Zeit gegeben hat. Wir dachten in einem messianischen Jahrhundert zu leben, der Zeit, in der die Probleme, mit denen die Menschheit rang, endgültig gelöst werden würden. Ton meinte, wir sollten uns lieber von diesem Messianismus verabschieden oder, wie er das Johannes-Evangelium verstand, uns vom Messias sagen lassen, dass er sich von uns verabschiedet hat, damit wir ohne ihn und ohne Messianismus auskommen. Bescheidener sollten wir sein, den Mund nicht zu voll nehmen. Sozialismus, Kommunismus – große Worte, große Enttäuschungen. Aber selbst dann gibt es noch genug Möglichkeiten, Solidarität zu praktizieren, auch wenn wir die Hoffnung verloren haben. Die kleinen Schritte, die für die Betroffenen den Unterschied zwischen Leben und Tod bedeuten, können wir tun. Der Rest ist Utopie.

Aber hier werden wir mit einem peinlichen Widerspruch konfrontiert. Während für uns der Utopieverlust noch zu verkraften wäre als »zu schön, um wahr zu sein«, »ist für mindestens zwei Milliarden von Menschenkindern eine radikal andere Weltordnung keine wünschenswerte Utopie, sondern schlicht notwendig und müsste auf der realpolitischen Tagesordnung jener stehen, die sich nicht endgültig mit den herrschenden Verhältnissen arrangiert haben« (Veerkamp). Diese radikal andere Weltordnung ist immer noch der Sozialismus. Er mag utopisch geworden sein und wir mögen uns nicht mehr trauen zu glauben und zu hoffen, er sei die reale Perspektive unseres Engagements, aber er ist immer noch, ja immer mehr notwendig, weil die Macht des Kapitals uns unausweichlich in die Katastrophe führt, eine Katastrophe, die schon begonnen hat. Sein Gesetz des unbegrenzten Wachstums verträgt sich nicht mit den Grenzen des Wachstums unserer Erde. Es verhindert das Zustandekommen einer Gesellschaft, in der es genug gibt für alle und die Ausbeutung des Menschen durch den Menschen und die Ausbeutung der Natur durch den Menschen überwunden ist, einer sozialistischen Gesellschaft also. Und wir sollen dabei auch nicht aus den Augen verlieren, was Althusser uns unvergesslich eingeprägt hat: Nie den Klassenkampf vergessen!

Die Macht des Kapitals muss gebrochen werden, gebrochen der harte Kern dieser Macht, das Privateigentum an den Produktionsmitteln: »Enteignet die Enteigner!« Es ist eine Illusion zu denken, der Kapitalist wird freiwillig sein Eigentum aus den Händen geben.

Eine sozialistische Gesellschaft: utopisch und notwendig, mit diesem Widerspruch müssen wir leben. Und solange wir leben, dürfen wir den Kampf für den Sozialismus nicht aufgeben. Denn eins ist sicher: Wenn dieser Kampf aufgegeben wird, ist das katastrophale Ende tatsächlich das Ende *der* Geschichte, nicht mehr *einer* Geschichte.

Ob dieses Ende schon beschlossene Sache ist: Wir wissen es nicht. Wir können aber auch nicht davon ausgehen, dass Gott es schon richten wird. Der Gott der Bibel jedenfalls ist kein *deus ex machina,* der senkrecht von oben in die Geschichte eingreifen wird, um recht zu machen, was die Menschen so gründlich haben schiefgehen lassen. Darauf zu hoffen wäre von vorneherein falsche Hoffnung. Wenn wir diesen Gott schon mit Hoffnung in Verbindung bringen, dann dass er seine Hoffnung auf sein Volk, seine Gemeinde gesetzt hat, als er gebot, »der Erde zu dienen und sie zu bewahren« (Gen 2,15). Wir sind in die Pflicht genommen. Von uns hängt es ab, ob dieses Gebot (die Tora) in der Tat getan wird. Ob wir dabei hoffen, dass die Geschichte sich doch noch zum Guten wenden wird, ist nicht ausschlaggebend. Es gibt wie gesagt Grund genug, diese Hoffnung zu verlieren. Dass wir durch das Tun von Tora noch verhindern können, dass die Welt zugrunde geht, ist eher unwahrscheinlich. Von unseren Visionen einer Welt ganz anders sollten wir lieber nicht allzu laut reden. Dass von uns alles abhängt, wäre zu viel gesagt. Wohl aber hängt von uns ab, ob in dieser grundverkehrten Welt der Protest gegen ihre Verkehrtheit nicht ganz verstummt. Wenn das geschähe, wenn Tora nicht mehr getan würde, dann wäre der Gott der Bibel für immer ins Jenseits verschwunden. Das verhüte Gott! Deshalb bleiben wir immer noch Christen für den Sozialismus.

es geht eine überraschung – Zu Dick Boers »Wenn nichts mehr stimmt ... Hiob rettet den NAMEN«[10]

Klaus Weber

Ich treffe selten Menschen, welche das Wort »Hiobsbotschaft« nicht kennen. Als ungläubiger Bibelleser ist das Buch Hiob für mich eines der am wenigsten hoffnungsvollsten, wenngleich eines, aus dem viel zu lernen ist. Dicks Hiob-Buch habe ich christlichen wie jüdischen Freund_innen empfohlen; fast alle gaben das Lesen auf – es sei zu schwer zu verstehen. Mag sein, dass Ernst Bloch recht hat mit seinem »Die besten Christen sind Atheisten«; der Satz könnte ein Hinweis darauf sein, dass eine Bibellektüre »aus der Ferne« (und mit gehöriger Distanz) aufschlussreicher ist als eine, in der man befangen und gefangen ist, weil sie zu nahe geht. Unbeschwertheit ergreift jedoch keinen – ob gläubig oder nicht – beim Lesen der Unglücksszenerie, in der sich Hiob nach wenigen einleitenden Sätzen befindet.

Heute lese ich in der Zeitung, ein SPD-Politiker sei der Überzeugung, dass die »Flutkatastrophe« ein »unvorhersehbares Ereignis« darstelle und deshalb die »Schuldenbremse« (was immer das sein mag bei Rüstungsausgaben von mehreren hundert Milliarden Euro) gelöst werden müsse. Letzte Woche im Kino sehe ich zum hundertsten Mal einen Werbespot mit wunderbaren Naturbildern und anschließend scheußlichen Naturzerstörungsbildern, die mit der abschließenden Frage nach dem jeweiligen Klima-Fußabdruck die anwesenden Zuschauer_innen verantwortlich für die Klimakatstrophe machen wollen. Wieso erwähne ich diese Alltagserlebnisse? Im Buch Hiob scheint es – zumindest für

10 Erschienen in: *Argument. Zeitschrift für Philosophie und Sozialwissenschaften 333 (Frauen erzählen)*, 414–419, im Jahr 2019. Ausgestattet mit einer Vorbemerkung vom Januar 2024 für dieses Buch.

den Protagonisten – so zu sein, dass alles Unglück, das er erleiden wird, »aus heiterem Himmel« kommt: sterbende Angehörige, Massensterben von Haustieren, verwüstete Ernte, körperliche Missbildungen und so weiter. Die Hiob besuchenden Freunde wollen ihm verdeutlichen, er habe selbst Schuld an dem Malheur, weil er vielleicht zu wenig stark an Gott geglaubt habe; er solle doch mal darüber und über manch andere Möglichkeiten des Schuldigwerdens nachdenken.

Doch das »Unglück«, das Hiob erleidet, ist genauso wenig wie die heute stattfindenden Überschwemmungen nicht vorhersehbar gewesen, noch trägt der gute Mann Verantwortung. Der SPD-Politiker, der seinen Verstand nicht nutzen will, wenn er die Auswirkungen politischer Entscheidungen auf die Veränderungen des Klimas als »unvorhersehbar« bezeichnet, hat gegenüber Hiob einen Vorteil: Er könnte – gerade in Zeiten der Überinformiertheit – wissen, was die Folgen der Folgen einer Ursache kapitalistischen Wirtschaftens sind. Hiob dagegen wusste nicht, dass hinter seinem sozialen und körperlichen Leid Gott selbst steckte: Er benutzte den gläubigen und gottesfürchtigen Mann, um mit dem Teufel eine Wette abzuschließen. Dieser wettete, dass jeder Gläubige vom Glauben abfallen wird, wenn er nur genügend Leid erfährt. Gott setzte dagegen.

Dick Boers Hiob-Buch half mir, eine biblische Erzählung als Folie zu nutzen, um über politische Logiken besser nachdenken zu können. Was gibt es Besseres, als ein schwer zu verstehendes Buch zu lesen!

I *Kapitale Dummheit*

Landarbeit: Zweifel säen.
(Braun 2019, 16)

Hinter dieser Zeitung »steckt immer ein kluger Kopf«, wirbt das Blatt der deutschen Bourgeoisie seit 1964. Aus dem Kopf des Wirtschaftsredakteurs, dessen Träger geifernd gegen Gewerkschaften und Sozialismus hetzt, ist das Kluge verschwunden. Er behauptet (am 11.5.2019), Hiob sei derjenige, der schlechte Nachrichten unters Volk bringe. In Wahrheit und in der hebräischen Bibel jedoch ist Hiob derjenige im Volk, dem von einem Boten (Hiob 1,14–19) schlechte Nachrichten überbracht werden. Da ist einer von seiner Botschaft überzeugt – ohne Zweifel oder gar Selbstzweifel. Klug scheinen, nicht sein. Im Kopf das Wort *Hiobsbotschaft:* dem Alltag, dem Oberflächendasein entnommen. Und schnell muss es gehen, Effizienz ist das Losungswort. Die Wahrheit darf auf der Strecke bleiben. *Auf einen Espresso* heißt die FAZ-Kolumne.

II *Klugheit – fraglos*

Als ich gläubig war,
war ich gottverlassen.
(Braun 2019, 67)

Vierzig Seiten fast sind es in meiner *Neuen Jerusalemer Bibel*, auf denen Hiobs Geschichte erzählt wird. Die polnische Dichterin Wisława Szymborska, 1996 mit dem Nobelpreis für Literatur bedacht, macht eine lyrische *KURZFASSUNG* daraus: »Hiob will reden mit dem Herrn. [...] Große Poesie. Hiob hört zu – der Herr spricht nicht zum Thema, weil der Herr nicht zum Thema zu sprechen wünscht. Also zeigt Hiob eilig Reue vor dem Herrn. Nun überstürzen sich die Ereignisse« (1986, 163). Die Lesart Szymborskas legt nahe, dass Hiob etwas bereuen würde. Doch was hat einer, der in Staub und Asche lebt, zu bereuen? Hiob weicht an keiner Stelle seiner Reden davon ab, dass der NAME[11] ihn ungerecht behandelte. Wenn hier einer bereuen sollte, dann der

11 Der NAME steht für JHWH, den wir als Jahwe aussprechen. Dass Boer und auch Veerkamp (2012) die »Bezeichnung des Gottes Israels durch die großgeschriebene Vokabel NAME wiedergeben« (ebd., 31), hat einen Sinn: GOTT soll strukturlogisch und nicht personell gelesen und gedacht werden: »Unter der Vokabel ›NAME‹ können wir uns *nichts* vorstellen, und gerade dieses *Nichts* ist erwünscht« (ebd.)

NAME, der mit dem Satan darum »wettet«, dass Hiob aufhören wird, den NAMEN zu segnen, in dem Moment, in dem jener alles verliert, was ihm liebens- und lebenswert erscheint. Doch »Hiob ist [...] treu geblieben« (Boer 2019, 164), und es scheint, als bereue der NAME seine Werke gegen Hiob. Szymborska ist nicht alleine mit ihrer Vorstellung von Hiobs Reue. Auch Jack Miles behauptet in seiner populären Gottesbiografie: »Die Reue selbst ist eine durch und durch jüdische Vorstellung, die vom Christentum lediglich übernommen worden ist« (1998, 372). Nichtsdestoweniger belegt er – ganz im Gegensatz zu dieser Behauptung –, wie hartnäckig und konsequent Hiob darauf besteht, ihm sei Unrecht durch den NAMEN geschehen, sodass es die Aufgabe des NAMENS ist, zu bereuen: »Der Herr beugt sich in gewisser Hinsicht [...], er lässt seine Wette mit dem Teufel fallen, und nach einem vergeblichen Versuch, Hiob niederzubrüllen, leistet er Buße für seine Missetat« (ebd., 375). Reue als »göttliche Tugend« (Hödl 1992, 995), nicht als menschliche: »So reut es Gott wegen der Verderbtheit der Menschen, dass er sie geschaffen hat« (Koch et al. 2000, 431).

III *Der Einsatz: Hoffnungslose Einsicht*

> Er wartet nicht auf das Unglück.
> Aber er weiß, dass es kommt.
> Das ist sein guter Beruf.
> (Braun 2019, 13)

Das Unglück ist anwesend, schon seit längerem. So wie das Buch Hiob »in einer Zeit entstanden war, in der das Projekt ›Israel‹ nicht mehr politikfähig war, Tora und Propheten nicht mehr funktionierten« (ebd., 7), so ist Dick Boers Buch in einer Zeit geschrieben, in der er »selber die Erfahrung gemacht hat: Es war alles umsonst [...] Nie hatte eine Befreiungsbewegung wirklich zur Freiheit geführt. Stets war, wo sie siegte, das Ergebnis neue Unfreiheit« (ebd., 9). Doch nicht nur das Unglück (der siegreiche Kapitalismus, die Zerstörung der Menschen und der Natur unter dem Zeichen der Profitlogik) wird täglich angehäuft; damit einher geht die Notwendigkeit, den Glauben an eine bessere, gerechtere Welt zu überprüfen und notfalls aufzugeben. Wer nicht mehr glaubt, kann trotzdem oder erst recht auf seinem kräftigen Unglauben bestehen: »Aber mir war immer noch der Unglaube geboten: nicht zu glauben, die herrschende Ordnung hätte auch recht« (Boer 2017, 160).

IV *Hiob »kann nicht anders«*

> Je mehr ich weiß,
> desto mehr muss ich glauben.
> (Braun 2019, 12)

Dick Boers Buch ist entstanden in einer Zeit, in der das Projekt »Befreiung von Herrschaft« (des Kapitals und seiner Strukturen und Logiken) nicht mehr denkbar ist angesichts der Überlegenheit des Gegners; Marx und Luxemburg und Gramsci funktionieren nicht mehr. Doch wie das Buch Hiob beharrt Boers Buch »angesichts der totalen Verzweiflung darauf: Es kann nicht alles umsonst gewesen sein« (ebd., 14).

Sehen wir uns Hiobs Geschichte genauer an, um daraus zu lernen. Der NAME ist irgendwo, aber er zeigt sich nicht und meldet sich nicht. Was Hiob nicht weiß, ist, dass Gott ihn leiden lässt, weil er mit Satan eine Wette abgeschlossen hat: Satan will Gott beweisen, dass Hiob vom Glauben abfallen wird, wenn er sein Hab und Gut sowie seine Liebsten verliert; ja wenn er am ganzen Körper durch Krätze, Aussatz und eitrige Wunden gequält wird. Mag sein, dass Gott nicht würfelt; im Buch Hiob spielt er jedoch mit einem Menschenleben. Die Leser_innen erfahren, dass Hiob festhält an seiner Frömmigkeit und Gottgläubigkeit (Hiob 2,9), trotz der Leiden, die ihm vom NAMEN zugefügt werden: »Haben wir Gutes empfangen von Gott; und sollten das Böse nicht auch annehmen? In diesem allen versündigte sich Hiob nicht mit seinen Lippen« (Hiob 2,10).

Nun kommen »Freunde« Hiobs und wollen ihn besänftigen, ihm erklären, weswegen er leidet: Elifas, Bildad und Zofar. Der Erste erklärt ihm, er habe »sich mit der Welt, wie sie ist, abzufinden – weil diese Welt im Grunde in Ordnung ist, der göttlichen Ordnung in keiner Weise widerspricht« (Boer 2019, 63). Der Zweite sagt ihm, er sei wohl selbst schuld an seinem Zustand, er müsse Gott nicht oder falsch gewürdigt haben: »Das Opfer wird jetzt verantwortlich gemacht für das Unglück, für das es nichts kann« (ebd., 73). Der Dritte wiederum meint, Hiob solle noch intensiver gläubig sein und Gott segnen, dann gebe es Hoffnung. Hiob wird klar, dass die drei weder seine Situation verstehen noch seine Geschichte kennen noch seine Form des Glaubens (an eine gerechte Welt) ernst nehmen: »Ihr Wissen stellt die Wirklichkeit dar, als ob die Welt immer noch von einem gerechten Gott regiert würde. Hiob weiß, dass dem nicht so ist, und er verbittet es sich, von seinen ›Genossen‹ mit ihrem Pseudo-Wissen [...] abgefertigt zu werden« (ebd., 84). Jedem von ihnen antwortet Hiob; doch sie setzen erneut zu strengeren und Hiob belehrenden Beweisreden an: wie er sich anmaßen könne, sich so wichtig zu nehmen, dass Gott gerade an ihm seine Gerechtigkeit zeigen würde (Bildad); wie er derart hochmütig sein könne und den Aufstand gegen den Mächtigen wagen (Zofar); wie er denn denken könne, Gott lasse sich von ihm unter Druck setzen.

Die letzte Rede Hiobs ist die Rede der »Auflehnung, nicht mehr und nicht weniger« (ebd., 113). Doch er lehnt sich nicht *gegen* den NAMEN auf, er rebelliert *für* eine gerechte Ordnung, die vom NAMEN verlassen wurde: »Die Auflehnung Hiobs will den NAMEN dazu bewegen, sich selber wieder zur Tora, zum Weg in die Freiheit zu bekennen« (ebd.). Zum Schluss »redet Hiob Klartext«; zu seinen »Freunden« und zum NAMEN: Er wütet gegen beide, er schimpft. Er zeigt an einfachen Beispielen, dass er gerecht war im Tun und im Glauben: weder Sklaven noch Frauen noch Arme oder Waisen hat er verachtet. Vielmehr hat er Gerechtigkeit an ihnen geübt (Tora getan). Gott dagegen hat all dies seit langem unterlassen. Nun tritt Elihu, ein vierter Gegenspieler, auf den Plan und will Hiob »von oben herab« klarmachen, dass er irrt: »Für die Verdammten dieser Erde, zu denen Hiob geworden ist, hat er, der Aristokrat, nur Verachtung übrig. Wenn so einer wie Hiob sagt, dass er nichts von Gott hat, hört Elihu nur Gotteslästerung. [...] Wer sich unten befindet, hat sich das selbst zuzuschreiben. Es ist die alte Leier der Oberen, aus denen der Gott ihrer Ordnung spricht« (ebd., 151). Was Dick Boer »Theologie der instrumentellen Vernunft« bei Elihu nennt, »bietet keinen Schrei aus der Bedrängnis, kann nur fragen, wie Hiob überhaupt darauf kommt, sein Schrei könne etwas bewirken« (ebd., 156). Der Streit »um Gottes Gerechtigkeit hat sich hoffnungslos festgefahren« (Bertram 2003, 119).

Doch plötzlich spricht der NAME. Zu sagen hat er jedoch erst mal wenig: dass er allmächtig sei und welche Utopien der Gerechtigkeit er den Menschen und seinem Volk versprochen hat. Es ist, als habe Gott nicht zugehört; als ignoriere er die Lage Hiobs. Doch der NAME spricht ein zweites Mal. Er spricht Hiob das Recht zu, den NAMEN »zu retten, der sich selber nicht mehr zu retten weiß. So wird der um des NAMENS willen klein gemachte Hiob groß gemacht« (Boer, 2019, 168).

Die drei »Genossen« und Elihu werden von Gott gemaßregelt (»Entflammt ist mein Zorn gegen dich und deine beiden Genossen, denn nicht habt richtig von mir ihr geredet, meinem Knecht Hiob gleich«; Hiob 42,7). Satan ist verschwunden, warum auch immer.

»Hiob musste akzeptieren, dass in seiner Zeit die Stunde der Erlösung nicht schlagen wird. Aber auch die bleiernste Zeit ist nicht ohne Verheißung: Es wird eine Zeit kommen, da ... Auf diese Zeit darf Hiob – und dürfen wir mit ihm – hoffen« (ebd., 179). Doch wie können wir noch hoffen, wo wir hoffnungslos verloren haben, wo keine Befreiung in Sicht ist und alle »alten« Freiheitskämpfe (Bauernaufstände, Wiedertäufer, Arbeiterbewegung) verloren sind und kein *hosianna* (hilf doch! rette doch!) in Sicht?

Die Sieger ziehen ein
in ihre Niederlage.
(Braun 2019, 60)

Christian Geissler, ein christlicher Kommunist, fordert die Linken auf, die Rede vom »Kämpfen« zu unterlassen, stattdessen sollen wir von »der täglichen arbeit gegen das pack« (Geissler 2016, 27) sprechen: reden, schreiben, singen, schreien. Auch die Rede vom »Siegen« sollen wir lassen: »siegen ist kindern wohl fremd, sie haben lust auf die liebe, nicht auf die siege, sie seien gelobt!« (Ebd., 26) Er verlangt eine radikale Analyse der Situation, die er als »niederschmetternd« (Geissler 2018, 31) beschreibt. Vollständig gesiegt hat »heute die weiße bürgerdemokratie gegen den roten aufstand« (ebd.). Hat also Dick Boer recht mit seinem Satz: »Wir sollen uns keine Illusionen machen: wo Hoffnung war, ist Schicksal geworden« (Boer 2014, 45)? Nach hinten geschaut sehen wir selbstverschuldete Untergänge der befreienden Idee und Tat; nach vorne geblickt kein hoffnungsverheißendes Licht. Im *Historisch-kritischen Wörterbuch des Marxismus* ist unter dem Lemma »Hoffnungslosigkeit« zu lesen: »Die Vergangenheit birgt Schuld, die Zukunft Entsetzliches« (Thürmer-Rohr 2004, 470). Zerstörung von Mensch und Natur »birgt« die kapitalistische Produktionsweise in sich. Die Ideologiemaschinen laufen auf Hochtouren, um die Subjekte – selbst die Macher_innen des Kapitals – dazu zu bringen, Entsetzen, Empörung und gerechtes Tun durch allerlei Angebote zu zersetzen, zu verdrängen. Sport, Unterhaltung und Mitmachpolitik bauen die Menschen ein in die Logik des Alles-ist-gut. Der *Bund Naturschutz* propagiert ein »Plastiksparen« und lässt die Verbraucher_innen glauben, sie hätten Verantwortung für die Plastikvermüllung der Weltmeere; die *GRÜNEN* reden von Klimaschutz und fahren mit ihren SUVs vor die Bioläden, um dort winters Tomaten und sommers Orangen zu kaufen; das Kapital lässt ausrichten: Wir produzieren nachhaltig und fair und verantwortungsvoll. Ein Riesenaufgebot an Ideen, Praxen und Ritualen, um vergessen zu machen, dass dies nur Folgen einer Ursache sind, die niemand benennen und »aufheben« will: kapitalistisches Produzieren. Hiob kann uns – bei allem Elend und aller Hoffnungslosigkeit – einen, vielleicht im Augenblick den einzigen Weg zeigen: Er nennt die Ungerechtigkeiten beim Namen und unterstellt sich dem NAMEN in keiner Weise. Er ist der Prototyp des Anti-Ideologen, der gegen den großen WAHNSINN ein mögliches Handeln zeigt: »Zu schweigen, wo alle reden, zu reden, wo alle schweigen, und zu schreien: WAS IST, KANN NICHT WAHR SEIN!« (Boer 2017, 81) Und: »*es geht eine überraschung*: so möge es sein« (Geissler 2018, 32).

VI *Hiob hat es nie gegeben, es gibt nur uns*

> Ich lese die Bibel. Ich lese sie laut.
> Hiob und die Könige. Sie ist
> schön, stark, aber ein böses Buch.
> (Brecht 1994, 107)

Jede_r von uns hat seine/ihre Geschichte. Aber nicht bei sich. Ihre Verknüpfungen mit der Welt werden von uns kaum be- und gedacht. Scheinen wir doch zu klein, zu unbedeutend, zu ohnmächtig, um eingreifen zu können in den Lauf, in die Räder »der großen Erzählung«. Lernen – so der im KZ Dachau inhaftierte evangelische Pfarrer Hellmut Traub – können wir aus »der Geschichte« nichts: »Wenn Sie Geschichte ein bisschen lernen, dann lernen Sie hoffentlich das eine: Dass man aus der Geschichte nichts lernen kann!« (Reck 2003, 282) Aber wenn wir auch sonst nichts wissen, so wissen wir doch, dass Geschichte von Menschen gemacht wurde und wird; in den Worten Karl Marx': »Die Menschen machen ihre eigene Geschichte, aber sie machen sie nicht aus freien Stücken, nicht unter selbstgewählten, sondern unter unmittelbar vorgefundenen, gegebenen und überlieferten Umständen« (1982, 115). Zu welchem Zweck also Hiob studieren? Dick Boer, Theologe der Hoffnungslosigkeit wie der Hoffnung, erwägt, was wir heute – in einer ähnlich aussichtslosen politischen Situation wie Hiob – tun können: Jede_r kann »die Rolle Hiobs auf sich nehmen, im Wissen, dass es jetzt von ihm abhängt, ob der NAME auf Erden noch einen Ort findet« (2019, 28). Hiob lesen, um zu verstehen, dass *wir* es sind, die für Freiheit und Gerechtigkeit einen Ort in dieser Welt finden sollen: »Denn Hiob hat es nie gegeben, es gibt nur uns« (ebd.).

Literatur

Adolphi, Wolfram (2023). DIE LINKE und der Frieden. Wo bleibt das »Krieg dem Kriege«? *Argument. Zeitschrift für Philosophie und Sozialwissenschaften 340 (Ukraine-Krieg – Weltordnungskrieg)*. 213–227.

Adolphi, Wolfram (2023a). Zeit für radikalere Ansätze. Zum Sammelband »Die DDR in der gesamtdeutschen Geschichte. Vertane Chancen – Sackgasse – Nachwirkungen«. *Argument. Zeitschrift für Philosophie und Sozialwissenschaften 340 (Ukraine-Krieg – Weltordnungskrieg)*. 251–256.

Agnoli, Johannes (2004). Die Transformation der Demokratie und verwandte Schriften. Hamburg: Konkret Literatur Verlag.

Anders, Günther (1987). Günther Anders antwortet. Interviews & Erklärungen. Berlin: Edition Tiamat.

Bachmann, Ingeborg, & Hans Werner Henze (2013). Briefe einer Freundschaft. München/Zürich: Piper.

Benyoëtz, Elazar (2007). Die Eselin Bileams und Kohelets Hund. München: Hanser.

Bertram, Axel (2003). Notizen des Zeichners zum Text. In: ders. (Hg.), Hiob. Nach der Übertragung von Martin Luther. Leipzig: Faber & Faber. 103–126.

Bjornerud, Marcia (2020). Zeitbewusstheit. Geologisches Denken und wie es helfen könnte, die Welt zu retten. Berlin: Matthes & Seitz.

Bloch, Ernst (1959). Das Prinzip Hoffnung (2 Bde.). GA Bd. 5. Frankfurt/M.: Suhrkamp.

Boer, Dick (2008). Erlösung aus der Sklaverei. Versuch einer biblischen Theologie im Dienst der Befreiung. Münster: Edition ITP-Kompass.

Boer, Dick (2014). Wir aber hatten gehofft. In: ders., K. Füssel & M. Ramminger (Hg.), Was verdrängt, aber nicht ausgelöscht werden kann. Diskussion über das Schicksal der großen Erzählung. Münster: Edition ITP-Kompass.

Boer, Dick (2017). Theopolitische Existenz – von gestern, für heute. Texte 1978–2014. Hamburg/Münster: Argument/Edition ITP-Kompass.

Boer, Dick (2019). Wenn nichts mehr stimmt ... Hiob rettet den ›NAMEN‹. Hamburg/Münster: Argument/Edition ITP-Kompass.

Boer, Dick (2023). Aber wer es glaubt. Befreiungstheologische Überlegungen zum Glaubensbekenntnis. Münster: Edition ITP-Kompass.

Boer, Dick, & Bodo Ramelow (2014). Störfaktor der Ohnmacht. Die Linke und die Religion. Interview. *Luxemburg. Gesellschaftsanalyse und linke Praxis* 2. 18–25.

Braun, Volker (2019). Handstreiche. Berlin: Suhrkamp.

Brecht, Bertolt (1967). Alfabet. In: GW 9. Gedichte 2. Frankfurt/M.: Suhrkamp. 511–514.

Brecht, Bertolt (1967a). Fünf Schwierigkeiten beim Schreiben der Wahrheit. In: GW 18. Schriften zur Literatur und Kunst I. Frankfurt/M.: Suhrkamp. 222–239.

Brecht, Bertolt (1967b). Geschichten von Herrn Keuner. In: GW 12. Prosa 2. Frankfurt/M.: Suhrkamp. 375–415.

Brecht, Bertolt (1994). Journale I. 1913–1941. Werke Bd. 26. Berlin/Weimar & Frankfurt/M.: Aufbau & Suhrkamp.

Dath, Dietmar (2020). Stehsatz. Eine Schreiblehre. Göttingen: Wallstein.

Deleuze, Gilles, & Félix Guattari (1974). Anti-Ödipus. Kapitalismus und Schizophrenie I. Frankfurt/M.: Suhrkamp.

Ebermann, Thomas (2021). Störung im Betriebsablauf. Systemirrelevante Betrachtungen zur Pandemie. Hamburg: KVV konkret.

Euripides (2016). Die Dramen. Band II. Stuttgart: Alfred Kröner.

Freud, Sigmund ([1916/17] 1982). Vorlesungen zur Einführung in die Psychoanalyse. Studienausgabe Bd. II. Frankfurt/M.: Fischer. 33–445.

Freud, Sigmund ([1930] 1982). Das Unbehagen in der Kultur. Studienausgabe Bd. IX. Frankfurt/M.: Fischer. 191–270.

Fried, Erich (1994). Ertrag. In: ders., GW. Gedichte 1. Berlin: Wagenbach. 431/32.

Fried, Erich (1994a). Irrwege. In: ders., GW. Gedichte 2. Berlin: Wagenbach. 552/53.

Geissler, Christian (2016). peter weiss wäre nicht erstaunt. Vortrag auf den Peter-Weiss-Tagen, Zürich 1990. Hamburg: Christian-Geissler-Gesellschaft.

Geissler, Christian (2018). »fremd in Bonn«. gedanken zum verrücktwerden oder wie ich mich doch endlich auf das bitten verlegte. Dankesrede zum 43. Hörspielpreis der Kriegsblinden 1994. Marburg: Christian-Geissler-Gesellschaft.

Geissler, Christian (k) (2022). verlorener rede traumausgang mitten ins schwarze. Eine Vorführung. Vortrag auf der Rosa-Luxemburg-Konferenz, Berlin 2005. Jahresgabe der Christian-Geissler-Gesellschaft e. V. Hamburg: sowa Druck.

Habermas, Jürgen (2019). Auch eine Geschichte der Philosophie. 2 Bde. Berlin: Suhrkamp.

Hacks, Peter (2018). »Ich bin an Freiheit absolut uninteressiert«. Gespräch mit Frank Tichy 1992. In: Marxistische Hinsichten. Politische Schriften 1955–2003. Berlin: Eulenspiegel Verlag.

Handke, Peter (2016). Vor der Baumschattenwand nachts. Zeichen und Anflüge von der Peripherie 2007–2015. Salzburg: Jung und Jung.

Haug, Wolfgang Fritz (2022). Habermas' Genealogie der Freiheit und die Philosophie der Praxis. Elemente eines Paradigmenabgleichs. *Argument. Zeitschrift für Philosophie und Sozialwissenschaften 339 (Vernünftige Freiheit im Online-Kapitalismus?)*. 573–601.

Heinrich, Klaus (1981). tertium datur. Eine religionsphilosophische Einführung in die Logik. Frankfurt/M.: Stroemfeld/Roter Stern.

Hien, Wolfgang (2018). Die Arbeit des Körpers von der Hochindustrialisierung bis zur neoliberalen Gegenwart. Wien: Mandelbaum.

Hödl, Ludwig (1992). Reue. In: Historisches Wörterbuch der Philosophie Bd. 8 (R–Sc). Basel: Schwabe & Co. 944–951.

Horkheimer Max ([1940] 1980). Die Juden und Europa. *Zeitschrift für Sozialforschung Jahrgang 8. 1939–1940* (dtv reprint). 115–137.

Kant, Immanuel ([1784] 1971a). Was ist Aufklärung? In: Werke in zehn Bänden (hg. von Wilhelm Weischedel) Bd. IX. Darmstadt: Wissenschaftliche Buchgesellschaft.

Kant, Immanuel ([1794] 1971b). Streit der Fakultäten. In: Werke in zehn Bänden (hg. von Wilhelm Weischedel) Bd. IX. Darmstadt: Wissenschaftliche Buchgesellschaft.

Kant, Immanuel ([1784] 1971c). Idee zu einer allgemeinen Weltgeschichte in weltbürgerlicher Absicht. In: Werke in zehn Bänden (hg. von Wilhelm Weischedel) Bd. IX. Darmstadt: Wissenschaftliche Buchgesellschaft.

Kant, Immanuel ([1786] 1983a). Grundlegung zur Metaphysik der Sitten. In: Werke in sechs Bänden (hg. von Wilhelm Weischedel) Bd. IV. Darmstadt: Wissenschaftliche Buchgesellschaft.

Kant, Immanuel ([1793] 1983b). Die Religion innerhalb der Grenzen der bloßen Vernunft. In: Werke in sechs Bänden (hg. von Wilhelm Weischedel) Bd. IV. Darmstadt: Wissenschaftliche Buchgesellschaft.

Kant, Immanuel ([1788] 1983c). Die Kritik der praktischen Vernunft. In: Werke in sechs Bänden (hg. von Wilhelm Weischedel) Bd. IV. Darmstadt: Wissenschaftliche Buchgesellschaft.

Kant, Immanuel ([1797] 1983d). Die Metaphysik der Sitten. In: Werke in sechs Bänden (hg. von Wilhelm Weischedel) Bd. IV. Darmstadt: Wissenschaftliche Buchgesellschaft.

Kersting, Wolfgang (1989). Pflicht. In: Historisches Wörterbuch der Philosophie Bd. 7 (P–Q) (hg. von J. Ritter & K. Gründer). Darmstadt: Wissenschaftliche Buchgesellschaft. 405–433.

Koch, Klaus, Eckart Otto, Jürgen Roloff & Hans Schmoldt (Hg.). Reclams Bibellexikon. Stuttgart: Philipp Reclam jun.

Kraus, Karl (1994). Die letzten Tage der Menschheit. Bühnenfassung des Autors. Frankfurt/M.: Büchergilde Gutenberg.

Laschitza, Annelies (2007). Die Liebknechts. Karl und Sophie. Politik und Familie. Berlin: Aufbau.

Losurdo, Domenico (1987). Immanuel Kant. Freiheit, Recht und Revolution. Köln: Pahl-Rugenstein.

Losurdo, Domenico (2011). Freiheit als Privileg. Eine Gegengeschichte des Liberalismus. Köln: PapyRossa.

Louis, Édouard (2019). Wer hat meinen Vater umgebracht. Frankfurt/M.: S. Fischer.

Markard, Morus (2001). Handlungsfähigkeit 2. In: W. F. Haug (Hg.), Historisch-kritisches Wörterbuch des Marxismus Bd. 5 (Gegenöffentlichkeit bis Hegemonialapparat). Hamburg: Argument. 1174–1181.

Marx, Karl ([1852] 1982). Der achtzehnte Brumaire des Louis Bonaparte. MEW 8. Berlin: Dietz. 111–207.

Marx, Karl ([1844] 1983). Zur Kritik der Hegelschen Rechtsphilosophie. Einleitung. MEW Bd. 1. Berlin: Dietz. 378–391.

Marx, Karl ([1867] 2017). Das Kapital. Kritik der politischen Ökonomie. Erster Band. Buch I: Der Produktionsprozess des Kapitals (neu hg. von Th. Kuczynski). Hamburg: VSA.

Metscher, Thomas (2006). Bertolt Brechts *Fünf Schwierigkeiten beim Schreiben der Wahrheit* – wiedergelesen. In: U. Bracht (Hg.), Leben – Texte – Kontexte. Festschrift für Dieter Kleiner zum 66. Geburtstag. Frankfurt/M.: Peter Lang. 351–357.

Meyer, Malte (2017). Lieber tot als rot. Gewerkschaften und Militär in Deutschland seit 1917. Münster: edition assemblage.

Michaels, Anne (1996). Fluchtstücke. Frankfurt/M.: Büchergilde Gutenberg.

Miles, Jack (2000). Gott. Eine Biographie. München: dtv.
Müller, Heiner (2008). Stalingrad war eigentlich das Ende der DDR. Werke 12. Gespräche 3. Berlin: Suhrkamp. 381–390.
Opitz, Reinhard (1999). Formierung. In: ders., Liberalismus. Faschismus. Integration. Edition in drei Bänden. Hg. von Ilina Fach & Roland Müller (Band II: Faschismus). 13–140. Marburg: BdWi-Verlag.
Pörksen, Uwe (1988). Plastikwörter. Die Sprache einer internationalen Diktatur. Stuttgart: Klett-Cotta.
Pohrt, Wolfgang (2018). Der frustrierte Verräter. Die unaufhaltsame Coca-Colonisierung der Bundesrepublik durch Michael Kunze. In: Werke 5.2. Berlin: Verlag Klaus Bittermann. 114–125.
Pohrt, Wolfgang (2019). Vielleicht war das alles erst der Anfang. Über das unter diesem Titel erschienene Tagebuch aus dem KZ Bergen-Belsen. In: Werke 2. Berlin: Verlag Klaus Bittermann. 119–137.
Pohrt, Wolfgang (2022). Theorie des Gebrauchswerts. Werke 1. Hg. von Klaus Bittermann. Berlin: Verlag Klaus Bittermann.
Reck, Norbert (2003). Sich erinnern. Beobachtungen zu objektivierenden und reflexiven Formen der Erinnerung. In: ders. & P. Petzel (Hg.), Erinnern. Erkundungen zu einer theologischen Basiskategorie. Darmstadt: Wissenschaftliche Buchgesellschaft. 282–300.
Reeling Brouwer, Rinse (2001). Handlungsfähigkeit 1. In: W. F. Haug (Hg.), Historisch-kritisches Wörterbuch des Marxismus Bd. 5 (Gegenöffentlichkeit bis Hegemonialapparat). Hamburg: Argument. 1169–1174.
Rehmann, Jan (2018). Ernst Bloch als Philosoph der Praxis. *Das Argument 325 (Aktualisierung Blochs)*. 9–30.
Roth, Karl Heinz (1995). Das Ende eines Mythos. Ludwig Erhard und der Übergang der deutschen Wirtschaft von der Annexions- zur Nachkriegsplanung (1939 bis 1954). 1. Teil: 1939 bis 1943. *1999. Zeitschrift für Sozialgeschichte des 19. und 20. Jahrhunderts*. 53–93.
Sartre, Jean-Paul (1965). Bei geschlossenen Türen. In: ders., Drei Dramen. Reinbek: Rowohlt.
Schrott, Raoul (2023). Inventur des Sommers. Über das Abwesende. München: Hanser.
Szymborska, Wisława (1996). Hundert Freuden. Frankfurt/M.: Suhrkamp.
Thürmer-Rohr, Christina (2004). Hoffnungslosigkeit. In: W. F. Haug (Hg.), Historisch-kritisches Wörterbuch des

Marxismus Bd. 6/I (Hegemonie bis Imperialismus). Hamburg: Argument. 469–480.
Veerkamp, Ton (2012). Die Welt anders. Politische Geschichte der Großen Erzählung. Hamburg: Argument.
Weber, Klaus (2004). Heimat. In: W.F. Haug (Hg.), Historisch-kritisches Wörterbuch des Marxismus Bd. 6/I (Hegemonie bis Imperialismus). Hamburg: Argument. 45–55.

Dick Boer, geb. 1939, arbeitete an der Universität von Amsterdam als Dozent mit dem Lehrauftrag ›Geschichte der Theologie im 19. Und 20. Jahrhundert‹. 1984–1990 war er Pfarrer der Niederländischen Ökumenischen Gemeinde in der DDR. War aktiv in der niederländischen Bewegung ›Christen für den Sozialismus‹ und Mitglied der KP der Niederlande. Er ist Mitarbeiter des Historisch-kritischen Wörterbuchs des Marxismus und schrieb für dieses Wörterbuch die Artikel ›christliche Gemeinde‹, ›imaginär‹ und ›Jenseits/Diesseits‹. Er veröffentlichte u. a.: Ein ganz anderer Gott. Das Lebenswerk Karl Barths (1886–1968) (2007); Erlösung aus der Sklaverei. Versuch einer biblischen Theologie im Dienst der Befreiung (2008); Theopolitische Existenz – von gestern, für heute (2017); Wenn nichts mehr stimmt ... Hiob rettet den NAMEN (2019); Ton Veerkamp. Ein unbequemer Denker (2022); Aber wer es glaubt. Befreiungstheologische Überlegungen zum Glaubensbekenntnis (2023).

Klaus Weber, geb. 1960, Prof. für Psychologie an der Hochschule München. 1997–2018 Gastprofessor an der Universität Innsbruck (Institut für Psychologie). *Veröffentlichungen*: Jagdszenen aus Oberbayern. Vom Überleben in der Provinz (2020), Argument; Verdienstvolle Leich. Friedhofsgeschichten aus Kolbermoor (2021), Eigenverlag; Männerphantasien: Kritik an Klaus Theweleits Analyse von Faschismus und Männlichkeit. *Forum Kritische Psychologie. Neue Folge 3* (2021). Reihe »Gestalten der Faschisierung« (Sloterdijk Bd. 1; Wagenknecht Bd. 2; Höcke Bd. 3/I und 3/II). *Mitgliedschaften*: GEW, LINKE, Rote Hilfe. Vertrauensdozent der Rosa-Luxemburg-Stiftung. Bezirksrat für die LINKE in Oberbayern.